Spanish

for CSEC®

Sydney Bartley • Christine Haylett
Amparo McWatt • Meuris Raymond • Kirsten Ross

A Caribbean Examinations Council® *Study Guide*

Great Clarendon Street, Oxford, OX2 6DP, United Kingdom

Oxford University Press is a department of the University of Oxford.
It furthers the University's objective of excellence in research, scholarship,
and education by publishing worldwide. Oxford is a registered trade mark of
Oxford University Press in the UK and in certain other countries

First published by Nelson Thornes Ltd in 2012
This edition published by Oxford University Press in 2015

British Library Cataloguing in Publication Data
Data available

978-1-4085-1993-6

13

Printed and bound by CPI Group (UK) Ltd, Croydon, CR0 4YY

Acknowledgements

Illustrations: David Lowe, Tony Forbes, Laura Martinez (Sylvie Poggio Agency),
Mike Bastin, Mark Draisey, Tim Oliver and Alan Rogers

Thanks are due to Amparo McWatt, Kirsten Ross, Meuris Raymond and Sydney
Bartley for their contributions in the development of this book.

Contents

Contents

This Study Guide has been developed exclusively with the Caribbean Examinations Council (CXC®) to be used as an additional resource by candidates, both in and out of school, following the Caribbean Secondary Education Certificate (CSEC®) programme.

It has been prepared by a team with expertise in the CSEC® syllabus, teaching and examination. The contents are designed to support learning by providing tools to help you achieve your best in Spanish and the features included make it easier for you to master the key concepts and requirements of the syllabus. *Do remember to refer to your syllabus for full guidance on the course requirements and examination format!*

Inside this Study Guide is an interactive CD which includes electronic activities to assist you in developing good examination techniques:

- **On Your Marks** activities provide sample examination-style short answer and essay type questions, with example candidate answers and feedback from an examiner to show where answers could be improved. These activities will build your understanding, skill level and confidence in answering examination questions.

- **Test Yourself** activities are specifically designed to provide experience of multiple-choice examination questions and helpful feedback will refer you to sections inside the Study Guide so that you can revise problem areas.

This unique combination of focused syllabus content and interactive examination practice will provide you with invaluable support to help you reach your full potential in CSEC® Spanish.

1 Mi familia

1.1   Mi familia

- Learn what to say when meeting people, and how to introduce members of your family, and others, in an informal situation.

- Remember that first impressions are important. If you are confident about these introductory phrases you will be able to make a good start with whatever situations you find yourself in.
- It is important to choose the register/level at which you address someone – formal or informal.

Mateo:	Hola, Arturo. ¡Qué sorpresa!
Arturo:	Hombre, Mateo. ¡Cuánto tiempo sin verte! ¿Qué tal?
Mateo:	Pues, hoy, estupendo. Es viernes y no hay clase hasta el lunes. ¿Y tú?
Arturo:	Bueno, de verdad, regular. Es que hay problemas en la familia – mi padre no tiene trabajo y mi hermana está enferma.
Mateo:	Ay, ¿sí? Lo siento mucho. Si te puedo ayudar en algo …
Arturo:	No, gracias, está bien. Mira, te presento a mi novia. Es de Venezuela, es venezolana.
Mateo:	Encantado. ¿Cómo te llamas?
Carmen:	Me llamo Carmen. Encantada. Y ésta es mi amiga Elvira, es venezolana también.
Mateo:	Hola, Elvira, mucho gusto.
Arturo:	Bueno, Mateo, nos vamos. Tenemos prisa. Vamos al cine. Ponen una película de Spielberg, es un director muy bueno. ¡Hasta pronto!
Mateo:	Bueno, adiós. ¡Que todo vaya mejor! Adiós chicas. Elvira, nos vemos pronto, ¿sí?
Arturo:	Sí, gracias. Hasta luego.
Elvira y Carmen:	¡Adiós!

GRAMÁTICA

Remember how important the gender of nouns is in Spanish. It dictates which article is used, and how adjectives agree.

Note that in most cases the noun ends in –a or –o. The ending is a strong indication of the gender of a noun: –a = feminine, –o = masculine, though, obviously, there are exceptions such as *la madre/el padre*, and *la mano* (hand), *el agua* (water).

In the context of family members it is simple …

For the female members of the family, the articles used are *la/una* (the/a), and *las/unas* for the plural.

la madre, una madre

la hija, las hijas

For the male members of the family the articles used are *el/un* (the/a), and *los/unos* for the plural.

el padre, un padre

el hijo, los hijos

Introductions

When introducing people, the gender of that person influences what we say, when we use the following expressions:

Éste es mi padre, ésta es mi madre. (Or *Éste es mi papá, ésta es mi mamá.*)

Likewise, the plural also affects what we say ...

Éstos son mis abuelos, éstas son mis hermanas.

An alternative way to introduce someone is *Te presento a ....*

Greetings

In informal situations, the following greetings are common:

¡Hola! ¿Qué hay? ¿Qué tal? ¿Qué pasa? ¿Qué hay de nuevo? ¿Cómo estás? ¿Cómo te va?

And answers range from ...

¡Chévere! ¡Fenomenal! ¡Excelente! Muy bien. Bien.

through to ...

Regular. No muy bien. ¡Francamente mal! ¡Fatal!

... Gracias. ¿Y tú?

When bidding farewell, we can say ...

¡Adiós! ¡Hasta luego! ¡Hasta pronto! ¡Hasta la vista!

Notice that in the above informal introductions and greetings, when a person is addressed directly, for example in *Te presento a ...*, *¿Cómo estás?* the *tú* form of the verb/pronoun is used, which indicates that the person is either known to us, or of a similar age and in an informal context.

GRAMÁTICA

Plurals

To form the plural when the word ends in a vowel, we just add *–s* to the end of the noun, for example *mis abuelos, los novios*.

If the word ends in a consonant, we add *–es*, for example *los familiares*.

Note that when the group is of mixed gender, we use the masculine plural articles/ adjectives/pronouns etc.

Mi padre y mi madre son venezolanos.

José y Paula son novios.

Los hijastros de mi tío, Pablo y Marta, son mis primos.

Los hermanastros de Claudia se llaman Raúl y Sara. Son muy simpáticos.

ENLACE

Further details about genders and plurals can be found on pages 22–23.

REPASO

Practise imaginary situations where you meet, greet and introduce family and friends. How many different phrases can you use?

¡Celebremos!

OBJETIVOS

- Learn how to invite someone to an occasion, how to respond to an invitation and what to say in the context of a celebration.

In the CSEC examination you may be asked to write an invitation (contextual announcement) along the lines of the one below, or to respond to an invitation, perhaps as a written response to a situation, or as a contextual dialogue. The following is a guideline as to how to complete the contextual dialogue.

Your father receives an invitation to a christening celebration, and he telephones the host to accept. Responses to all the cues must be included in the completed dialogue.

- **a** Greetings and identification
- **b** Thanking and accepting the invitation for himself, your mother and you, but declining for your stepbrother
- **c** Enquire about a possible gift.
- **d** Ask about the baby and the mother.
- **e** Express desire to see the baby and the mother and end the conversation.

The names of the persons extending the invitation are in the first lines.

The next line names the invitees and goes on to identify the reason for the invitation.

The next lines use short phrases in question and answer format.

Finally, the invitees are asked to reply to the invitation.

> *Marisa y Juan Vásquez*
>
> *invitan al*
>
> *Sr. Pablo Ramírez, Sra. y familia*
>
> *a celebrar el bautizo de su hija Paula*
>
> *¿Dónde? En su casa, Avenida del Parque, 26, Monterrey*
>
> *¿Cuándo? El 2 de febrero*
>
> *¿A qué hora? Desde las 7 de la tarde hasta la medianoche*
>
> *RSVP antes del 15 de enero por favor al teléfono 46 83 97*

Greetings and identification

Juan:	Sí, dígame.
Pablo:	Hola, ¿está Juan, por favor? Soy Pablo Ramírez.
Juan:	Sí, soy yo, Juan. ¿Qué tal, Pablo?

Thanks and accepting of invitation, including declining on behalf of stepson. Also includes Juan's response.

Pablo:	Muy bien, gracias. Mira, te felicito por el nacimiento de Paula y te agradezco la invitación a su bautizo. A mi esposa, a mi hijo y a mí nos encantará asistir al bautizo. Desafortunadamente, mi hijastro no podrá asistir porque está en los Estados Unidos, visitando a su madre, por el momento.
Juan:	Bueno, ¡qué lástima! Será un día especial.

Enquire about a possible gift. Note the suggestions, indicating some thought. Again, includes Juan's response.

Pablo:	Y nos gustaría comprarle un regalo a Paula. ¿Tienes alguna idea de qué regalarle? ¿Un juguete? ¿Un vestido? ¿Algo para su cuarto? ¿Un libro?
Juan:	No, no debes comprarle nada.

Pablo:	¿Verdad? Bueno. ¿Y cuándo nació? ¿Y qué tal están ella y su madre? Espero que todo vaya bien.	Enquire about the baby and mother, including Juan's response.
Juan:	Sí, las dos están bien, gracias. Nació hace un mes.	
Pablo:	Bueno, me gustaría verlas pronto. Hasta el día 2 entonces. Muchas gracias por la invitación y nos veremos pronto. Que estén bien.	Express desire to see baby and mother and end the conversation.
Juan:	Igualmente, hasta luego. Adiós.	

GRAMÁTICA

The personal *a*

Already we have seen the personal *a* in two contexts: *te presento a ...*, and *invitan a ... .*

Remember, whenever a person is the object of a verb, *a* must be placed before the object, for example *Te presento a mi novia* (I introduce you to my girlfriend), *Invito a los vecinos* (I invite the neighbours), *Quiero ver al bebé* (I want to see the baby).

Note: Whenever the prepositions *a* and *de* are placed before *el* the following changes occur:

a + el = al, de + el = del

VOCABULARIO

Key expressions in this context include ...

¡Salud! – *To your health (a toast)*

¡Felicitaciones! ¡Enhorabuena! – *Congratulations!*

¡Felicidades! – *Congratulations (in the context of a birthday)*

¡Que viva ...! – *Long live ...!*

For regret ...

desafortunadamente – *unfortunately*

Lo siento mucho – *I am very sorry*

Es una lástima – *It's a shame*

¡Qué lástima! – *What a shame!*

ENLACE

For definitions of grammatical terms see pages 186–187.

For definitions of grammatical terms see pages 186–187.

ESTRATEGIAS

- Always follow the instructions carefully.
- Keep to the word count.
- Make sure you include all of the required elements.
- Thoroughly check the completed piece for common errors.

REPASO

Of course, the celebration may be a wedding (*una boda*) or other occasion, and it may be that you still thank the host but have to express regret and decline the invitation. How would you respond in that situation? Use some of the expressions in the dialogue and vocabulary box to help you.

Es mi cumpleaños

- Learn how to say the date, and what to say when it's your birthday, a national holiday or a festival.

ENLACE

It is really important to know numbers for dates (days and years). For a full list see *Más vocabulario* page 26.

GRAMÁTICA

Numbers are a form of adjective and, as such, will agree with the noun they describe in some cases, for example *una chica, doscientas chicas.*

José: Hola, Pepe, ¿qué día es hoy?

Pepe: Es sábado, ¿no?

José: Ah perdón, lo que quiero saber es ¿qué fecha es? ¿A cuánto estamos?

Pepe: Estamos a diez de octubre.

José: Muy bien. ¿Y mañana no es día festivo?

Pepe: Hombre, no, es pasado mañana, el lunes, *doce de octubre,* el *día de* la Hispanidad.

José: ¡Qué maravilla! ¡Un *día de vacaciones!* Nos vemos en la playa, ¿no?

Pepe: Por supuesto.

Certain problems occur with numbers. Look out for the following ...

- Spellings can be an issue, especially if two vowels are together. Try and think how the word is pronounced, and spell according to the sound of the word:

  siete   seis   nueve   diecisiete

Pay attention to how numbers are constructed.

- 1–15 are numbers that stand alone, for example *uno, cuatro, doce, quince.*
- 16–29 are one-word numbers, which are composed of two numbers, for example *dieciséis, veintiuno, veintidós, veintitrés, veintiséis.* (Note the stress mark or accent needed on 16, 22, 23, 26, i.e. the ones that end in –*s*.)
- From 31 to 99 the number words are separated, for example *treinta y uno, cuarenta y ocho.*
- The *y* ('and') only occurs between the 'tens' and 'units', not, as in English, between the 'hundreds' and 'tens', for example *ciento cincuenta y cinco.* Watch the word order!
- *Uno* stays as it is when counting, but becomes *un* before a masculine noun, for example *tengo un libro* and *una* before a feminine noun, for example *treinta y una chicas.*
- *Cien* becomes *ciento* when you say numbers formed with 100, for example *ciento dos* (102) but stays as *cien* when counting.
- Most of the 'hundreds' are regular. Note the irregulars – *quinientos* (500), *setecientos* (700) and *novecientos* (900).
- It is important to know how to say years 'in words'. It may come up in the oral examination questions or reading passage.
  - *¿En qué año naciste? Nací en mil novecientos noventa y uno/dos/tres* etc.
  - *Mi hermana nació en dos mil once.*
  - *Mi abuela nació en mil novecientos cincuenta y ocho.*

In Latin American society, a girl's 15th birthday is very important, and families will celebrate it with a special party for the *quinceañera* (the 15 year old).

In Spain, a birthday custom is to pull the ears of the birthday boy or girl the same number of times as the birthday they are celebrating.

¡Feliz cumpleaños!

¡Enhorabuena!

¡Felicidades!

Question
¿Cuándo es tu cumpleaños?

Answer
Es hoy, el dos de mayo.

¡Feliz cumpleaños!

Question
¿Cuándo naciste?

Answer
Nací el primero de abril de mil novecientos noventa y nueve.

¡Que lo pases bien hoy!

VOCABULARIO

el lunes – *Monday*
el martes – *Tuesday*
el miércoles – *Wednesday*
el jueves – *Thursday*
el viernes – *Friday*
el sábado – *Saturday*
el domingo – *Sunday*
enero – *January*
febrero – *February*
marzo – *March*
abril – *April*
mayo – *May*
junio – *June*
julio – *July*
agosto – *August*
septiembre – *September*
octubre – *October*
noviembre – *November*
diciembre – *December*

REPASO

Fiestas play an important part in Hispanic life. Do you know which greeting to use in which context? Match the English greeting with the Spanish one.

1	Christmas	**a**	*¡Feliz día de la madre!*
2	New Year	**b**	*¡Felices Pascuas!*
3	Easter	**c**	*¡Feliz/Próspero Año Nuevo!*
4	Mother's Day	**d**	*¡Feliz día de Independencia!*
5	Independence Day	**e**	*¡Feliz Navidad!*

¿Quién es? ¿Cómo es?

- Learn how to identify and describe people.

ENLACE

Note how the need for stress marks changes – *un chico inglés, una chica inglesa*. For more information on the rules of stress, see pages 184–185.

Laura:	Anabel, ¿ves a esa mujer?
Anabel:	¿Cuál?
Laura:	La alta, la que tiene el pelo rizado.
Anabel:	¿La delgada que lleva la blusa amarilla con esos pendientes horribles? Sí, la veo. ¿Quién es?
Laura:	Es mi tía, la hermana de mi padre.
Anabel:	Bueno, ¿es muy guapa, no?
Laura:	Sí, es modelo. Su marido es estadounidense y ella trabaja mucho en los Estados Unidos.

GRAMÁTICA

When we describe the character, physique, nationality or profession of a person, we use the verb *ser* plus an adjective.

Ser is one of the most commonly used irregular verbs, and, as such, must be learnt.

ser – to be, *yo soy, tú eres, él/ella/usted (Ud.)* es, nosotros/as somos, ellos/ellas/ustedes (Uds.)* son*

* Use *Usted/Ustedes* when addressing persons (you) in the more formal register.

Common adjectives for physical description include ...

gordo/delgado, guapo/feo, alto/bajo, grande*/pequeño

Common adjectives of character include ...

simpático/antipático, inteligente/tonto

All adjectives must agree with the noun they describe in gender and number, for example *es una chica simpática, son unas mujeres muy bajas.*

Note, when an adjective ends in a vowel, the feminine form is made by changing the –o to –a. In the case of an adjective ending in –e, the adjective remains the same.

To make a plural, simply add –s, for example *una chica inteligente – unas chicas inteligentes, un alumno feo – unos alumnos feos.*

If an adjective ends in –r, –n, –l or –s, an –a is added to make the feminine form. Plurals are made by adding –es to the masculine form, or –s to the feminine form, for example *una chica inglesa, unos chicos españoles, unas profesoras trabajadoras.*

Tener is used when we are describing parts of the body.

Tener is another commonly used irregular verb, which must be learnt.

tener – to have, *tengo, tienes, tiene, tenemos, tienen*

For example *Tengo el pelo liso/rizado, corto/largo, negro/rubio/ castaño*.

Note – **Soy** *pelirrojo/a, rubio/a, moreno/a*.

Tengo los ojos azules/verdes/marrones/negros/grandes*.

*Grande is a useful adjective meaning 'big' when placed after the noun it describes, and 'great' if placed before the noun, for example *Kennedy era un gran político*. (See page 125 for more information on this.)

Obviously, we may wish to describe not just people, but things. Permanent characteristics are described using the verb *ser*, for example *la comida hispana es deliciosa, la novela es muy interesante, la película es cómica*.

El que/la que – the one who/which, *lo que* – that which/what. These relative pronouns introduce more information about a person or thing, for example *¿Cuál fue la mejor canción? –* **La que** *cantó Enrique. – Entiendo* **lo que** *dices*.

Note also how an adjective can be used as a noun, with an article, for example *la alta* – the tall one: *La alta es mi prima*.

ACTIVIDAD

Directed situations

Write, in Spanish, one sentence for each situation.

1 You are going to be late to meet friends. However, the two you are going to meet do not know each other. You text a description of one friend, so the other can recognise him/her. What do you text?

2 Your dog has gone missing. You write a poster, to ask if anyone has seen him/her. How do you describe the dog?

Oral conversation

Describe las características físicas de tu mamá/papá/hermano/a.

Oral response to situations

Respond as indicated to the situation below.

You are in the park with your young cousin. He/She goes missing. You approach a passer-by.

a How do you attract his/her attention?

b What do you explain?

ENLACE

For more adjectives with which to enhance your descriptions, see *Más vocabulario* pages 26–27.

REPASO

Practise using *ser* with adjectives describing permanent characteristics by preparing phrases for a 'wanted' poster for a criminal. Begin with *Se busca* ...

¿Cómo estás?

- Learn how to describe moods and the reasons for those moods.

Jaime: Hola, Carlos, ¿cómo estás?

Carlos: Hola, Jaime. Pues hoy no estoy bien. De verdad, estoy fatal. Es que estoy muy cansado. Tengo mucho sueño y me duele la cabeza. Creo que estoy enfermo. Estoy triste, y no sé por qué. Tengo frío, y luego de repente tengo calor.

Jaime: Hombre, ¡pobre de ti! Normalmente eres tan positivo, eres una persona muy sana, optimista y alegre. Hoy estás muy negativo. ¿Qué te pasa? Debes estar enfermo de verdad. Tienes que descansar.

Carlos: Sí, me voy a descansar ahora. Hasta luego.

Jaime: Adiós, ¡que te mejores pronto!

GRAMÁTICA

The verb *estar* is another common irregular verb that needs to be learnt.

estar – to be, *estoy, estás, está, estamos, están*

It is used to describe states, often moods, which are not permanent. It is always used in the question *¿Cómo está(s)(n)?* etc., to ask how someone is (at the time of asking).

Often a past participle is used as an adjective to describe the state, for example *estoy muy cansado, estoy sentado, la puerta está abierta/cerrada*. In this case, as with other adjectives, it is important to make the past participle agree with the noun it describes, in gender and in number: *los chicos están deprimidos* (depressed), *las chicas están perdidas* (lost), *los padres están preocupados* (worried).

Some adjectives have a different meaning depending on whether they are used with *ser* or *estar*, for example *estoy listo* = I am ready, *soy listo* = I am clever; *está aburrido* = he is bored, *es aburrido* = he is boring.

Note the use of the verb *tener* in certain expressions:

tener calor – to be hot

tener frío – to be cold

tener sueño – to be tired, sleepy

tener hambre – to be hungry

tener sed – to be thirsty

tener que + infinitive – to have to (do something)

Also ...

tener prisa – to be in a hurry

tener razón – to be right

tener miedo – to be afraid

tener éxito – to be successful

tener ganas de + infinitive – to want to (do something)

Finally, study *me duele la cabeza*. It literally translates as 'the head pains/hurts me'. This impersonal construction is used to express when some part of the body hurts. It can be used with all different parts of the body (see page 79). If the subject is plural, the verb must also be plural, for example *me duelen los pies*.

(see page 79)

ACTIVIDAD

Write the sentence that you would text your parents in the following circumstances.

1 You have a stomach ache and think you are ill.
2 You are hungry and the cafeteria is closed.
3 Your friends are happy because they are successful in the exams.
4 Your stepsister is bored and tired and wants to go home.
5 You are hot and you want to drink something as you have a headache.
6 You are lost and are afraid.
7 You have to buy some water as you are thirsty.
8 You are sad because you are depressed.
9 You are worried because your dog is lost.
10 You are ill and want to rest.

REPASO

Be prepared to respond to written and oral situations, using *estar* plus a description of your mood or state, or the *tener* expressions, and stating a reason for your state. Match up these common states and possible reasons for them.

1	*Estoy cansado*	a	*porque mis zapatos son muy pequeños.*
2	*Tengo hambre*	b	*porque hace tanto calor.*
3	*Tengo sed*	c	*porque acabo de ir al dentista.*
4	*Tengo prisa*	d	*porque no dormí bien anoche.*
5	*Me duelen los pies*	e	*porque dejé el suéter en casa.*
6	*Me duele el diente*	f	*porque el profesor los quiere para mañana.*
7	*Tengo frío*	g	*porque me desperté tarde.*
8	*Tengo que hacer los deberes esta tarde*	h	*porque no tuve tiempo para desayunar.*

¿Dónde está?

- Learn to use the verb *estar* to describe location, in the context of the house and rooms.

En casa de Miguel ...

Madre de Miguel: Miguel, llegó el agente para ver la casa. ¿Quieres mostrársela?

Miguel: Sí, mamá, cómo no. Buenas tardes, señor. Soy Miguel.

Señor Gómez: Yo soy Mario Fonseca Gómez. Buenas tardes.

Miguel: Bueno, pues empezamos en la planta baja. Como se ve, la casa tiene dos plantas.
Aquí entramos en el vestíbulo. Es bastante grande, lo que es muy útil. A la derecha está el salón. Tiene ventanas que dan al jardín delantero y trasero.

Señor Gómez: Eso me gusta.

Miguel: Entramos al salón que es una habitación que tiene mucha luz. A la izquierda del vestíbulo está el comedor y detrás está la cocina, que da también al jardín y al patio. Salgamos un momento al patio y verá lo grande que es el jardín. Tenemos muchas matas sembradas y son muy bonitas. Hay rosas, claveles y geranios. Y al fondo hay varios árboles, incluso árboles frutales.

Señor Gómez: ¡Qué bien!

Miguel: Al lado está el garaje, y encima del garaje hay un pequeño estudio donde trabaja mi padre. Subamos por la escalera al primer piso. Aquí hay cuatro dormitorios. Mis padres tienen su propio cuarto de baño, y hay otro para los demás aquí, que tiene ducha y bañera. También tenemos sótano y desván, o sea que hay mucho espacio para almacenar cosas.

Señor Gómez: Es una casa muy grande y muy cómoda, ¿no? Gracias por mostrármela.

Estar is always used to describe the location of something, even if that location is permanent, not temporary, for example geographical location of places. *Costa Rica está en América Central.*

Using the vocabulary for the rooms mentioned in the dialogue, make an announcement for the newspaper advertising your house for rental and describing the layout of the house. Use *Para alquilar* as the title of the announcement.

The following is a piece designed for reading comprehension.

Read the passage and choose the best answer for each of the questions that follow.

El otro día vi en el periódico un anuncio de unas casas nuevas en la urbanización que está en el centro de la ciudad. ¡Qué lujo! Sólo hay cuatro casas en una área de cuatro kilómetros cuadrados. Hay una piscina compartida entre las cuatro casas, con una cancha de tenis al lado. ¡Fíjate! Las casas son enormes y la arquitectura es ultra moderna. Tienen paneles solares, y otros aparatos para ahorrar energía, como, por ejemplo, hay uno que corta la electricidad cuando sales de la casa y la pone al entrar. ¡Qué ecológicas son!

1 ¿Dónde se publicó el anuncio?

  a en casa

  b en el centro

  c en el periódico

  d en la urbanización

2 ¿Cuál es una de las ventajas de la urbanización?

  a hay muchas casas

  b hay muchas zonas verdes

  c hay mucha arquitectura

  d hay mucho espacio

3 ¿Qué deportes se pueden practicar ahí?

  a la natación

  b el esquí naútico

  c el baloncesto

  d el ciclismo

4 ¿De dónde viene la electricidad?

  b del viento

  c del sol

  d del agua

  e de los arquitectos

Important prepositions of place include ...

delante de – *in front of*

detrás de – *behind*

al lado de – *beside*

entre – *between*

a la derecha/izquierda de – *to the right/left of*

en el centro de – *in the middle of*

debajo de – *below*

encima de/sobre/en – *on (top of)*

en – *in*

dentro de – *inside*

enfrente de – *opposite*

Note: entrar a ... or entrar en ... – both prepositions are possible.

ESTRATEGIAS

- You will be given a passage for reading comprehension in the CSEC examination. Always read it through once first. This will aid your understanding. Do not panic initially if there are words you do not immediately understand. They may become clear once you read on and see more of the context of the piece.
- Remember, questions and answers go in sequence with the passage. If you are not sure about your answer, first eliminate those which are obviously incorrect, then assess the remainder. Always answer something, choosing one of the possible answers if it is still difficult to decide which is the right one.

¿Qué hay en la casa?

Los señores de Pacheco acaban de comprar una casa y van a la mueblería para comprar muebles ...

Dependiente: Buenos días, señores. ¿Les ayudo con algo?

Marisa: Lo espero. Mi nombre es Marisa y éste es mi esposo Pablo. Soy abogada y él es arquitecto.

Pablo: Marisa, ¡qué aburrida eres! El señor no necesita saber eso.

Marisa: Hombre, déjame en paz. Le digo lo que quiero decirle. Ahora él sabe que somos profesionales. Señor, acabamos de comprar una casa y buscamos unos muebles.

Dependiente: ¡Qué bien! Bienvenidos. ¿Cómo es la casa?

Marisa: Bueno, es bastante grande, de dos pisos. Está a tres kilómetros, en la nueva urbanización, enfrente de la iglesia católica.

Dependiente: Ah, la conozco. Es un buen lugar y las casas son preciosas. También es muy tranquilo. Miremos los muebles. Aquí tenemos unas camas de matrimonio. Son de las mejores que hay y son muy cómodas.

Marisa: ¡Qué bien! Me gusta ésta. ¿Te gusta, Pablo?

Pablo: Lo que tú digas.

Dependiente: También tenemos camas individuales con armarios pequeños y mesa de noche. En esta sección, hay electrodomésticos como lavaplatos, lavadoras, neveras, congeladores y mucho más.

... Los nuevos inquilinos llegan a su casa con los hombres de la mudanza.

Marisa: ¡Qué bonita es esta casa! Estoy muy contenta de vivir aquí.

Hombre: ¿Dónde ponemos los muebles?

Marisa: A ver, la cama de matrimonio en la habitación grande de arriba, al lado de la ventana, enfrente del balcón, con el armario grande. Las camas individuales y los armarios pequeños en los otros dormitorios. Y hay una mesa de noche para cada habitación, y dos para el dormitorio grande.

Abajo, en la cocina, la mesa de cocina con las seis sillas, y los otros aparatos de cocina: el lavaplatos, la lavadora, la nevera, el congelador y la estufa de gas. Hay otra mesa más formal que va al comedor con sus sillas. En el salón ponemos las butacas, el sofá y la estantería.

La barbacoa, el banco y los muebles de jardín van al patio.

Muchas gracias.

Hombre: Señor, hay un problema. La cama de matrimonio no entra. Es demasiado grande.

Pablo: ¡No me digas! ¿Qué podemos hacer? Ah, sí, tengo una idea. El dormitorio grande tiene balcón que da al patio trasero. La cama puede entrar por ahí.

GRAMÁTICA

We have met the broad criteria which determine which verb to use, *ser* or *estar*, when we wish to translate the verb 'to be'.

In summary *ser* is used:

- to say who or what something or somebody is, be it type of person, nationality or profession
- to describe natural, permanent characteristics
- to tell the time
- to express possession

Estar is used:

- to refer to location
- to describe the state or condition of something or somebody, brought about by circumstance
- to express dates or prices
- to form continuous tenses (see page 169)
- in the expressions *estar para/por* (to be ready to/to be for)

If in doubt, go through the criteria above for *estar*. If none of them apply, then use *ser*. It is more often the case that *ser* is the correct choice.

And remember *hay*, which means 'there is/are', for example *hay un problema, hay dos mesas de noche.*

ESTRATEGIAS

- In Section II of the Reading comprehension paper in the CSEC examination, you will be tested on your grammar, and be asked to choose the grammatically correct option for the sentence. Remember to always think of the rules of agreement of gender and number, if relevant. Again, this may help eliminate some answers.

REPASO

In the sentences below, select the word which will be grammatically correct and best complete the sentence.

		a	b	c	d
1	¿Qué te pasa? Tú ... muy triste hoy.	es	estoy	estás	eres
2	¿Dónde ... tus padres? No los veo.	están	son	soy	está
3	¿Quién ... esta chica? No la conozco.	soy	está	somos	es
4	¿Quién ... en la clase?	es	son	estoy	está
5	En mi colegio ... quinientos estudiantes.	está	son	hay	están
6	No puedes saber lo cansado que ... en este momento.	soy	eres	es	estoy
7	Angelina, ... muy bonita hoy. Nunca te veo así.	eres	estás	es	está

¿Cuántas personas hay en tu casa y quiénes son?

OBJETIVOS

- Learn how to ask questions, in the context of the family.

¿Cuántas personas hay en tu familia?

¿Quiénes son?

GRAMÁTICA

Questions that elicit the answers 'yes' or 'no' are simply constructed as statements with question marks around them, for example *¿Tienes hermanos?*

If more specific information is required, we use a question word. These all carry accents in Spanish.

¿Cómo? – How?

¿Cuál? ¿Cuáles? – Which one/ ones?

¿Cuándo? – When?

¿Cuánto/a/os/as? – How many?

¿Dónde? – Where?

¿Adónde? – To where?

¿De dónde? – From where?

¿Qué? – What?

¿Para qué? – What for? (for what purpose?)

¿Por qué? – Why? (for what reason?)

¿Quién(es)? – Who?

¿De quién? – Whose? (of whom?)

¿Quién? can be used with other prepositions, for example *¿Para quién? ¿A quién?*

Be prepared to answer basic questions about yourself and your family.

¿Cómo te llamas? ¿Cuántos años tienes? ¿Cuándo es tu cumpleaños? ¿Tienes hermanos? ¿Son mayores o menores? ¿Te llevas bien con ellos/as? ¿Con quién te entiendes mejor y por qué? ¿Cómo es tu madre/padre/hermano? ¿Cuál es su mejor/peor característica? ¿Quién manda en casa? ¿Quién es el jefe/la jefa? ¿Dónde vives? ¿Prefieres vivir en el campo o en la ciudad? ¿Cuál es tu dirección postal? ¿Cómo es tu casa? ¿Cómo es tu dormitorio?

Try and think in advance of how to elaborate on your answers. Practise them in your head, or with a friend or family member, so you can react more fluently in the exam situation. Listen to authentic material as much as possible. Use some of the internet courses available, for example on the BBC Languages website, or Languages online. Try www.bbc.co.uk/languages/spanish/ (*Mi Vida Loca* and GCSE Bitesize) or www.languagesonline.org.uk/ (*Español*). It will help with your pronunciation and intonation.

In the sentences below, select the word which will be grammatically correct and best complete the sentence.

1 ¿... está en el cuarto de baño?
   a Dónde   **b** Qué   **c** Quién   **d** Por qué
2 ¿... están tus abuelos?
   a Cuándo   **b** Cómo   **c** Para qué   **d** Cuántos
3 ¿... hermanos tiene tu padre?
   a Cuánto   **b** Cuántos   **c** Cuáles   **d** Quiénes
4 ¿... es tu madre en la foto de la familia?
   a Cómo   **b** Qué   **c** Dónde   **d** Cuál
5 ¿... son tus primos?
   a Adónde   **b** Cuándo   **c** De dónde   **d** Por qué

You will have a passage to read aloud in Paper 3 of the examination, which may be about the family and the home. Look out for some common pitfalls. Practise the following phrases. Place stress on the syllables highlighted in **bold** in the phonetic script.

- *Me llamo Jorge.* [may y**a**mo j**aw**jay] Practise the g/j sound.
- *Me entiendo bien con mi hermana mayor que se llama Lola.* [may enteey**e**ndo beey**e**n con mee airm**a**na kay say y**a**ma l**o**la] Practise saying two vowels (diphthongs) together. Make sure you sound both.
- *El novio de mi prima es de Uruguay.* [el n**o**bvio day mee pr**ee**ma es day ooroog**why**] Be careful with words that look like English words, for example Uruguay, cultural [cooltoor**al**]. Think hard about the Spanish pronunciation.
- Other words to practise include ...

  región [rejeey**on**]*   *contribuye* [kontrib**oo**yay]
  industrial [indoostreey**al**]*   *mayoría* [myyour**ee**a]*
  vegetación [bvejetaseey**on**]*   *escoger* [eskoj**air**]
  biología [beeoloj**ee**ya]*   *distinguir* [disteeng**eer**]*
  mejoramiento [mejorameey**e**nto]*   *criollo* [cree**o**yo]*
  socialización [soseealeezaseey**o**n]*   *navideño* [nabvid**e**nyo]
  ingredientes [ingredeey**e**ntes]*   *aprendizaje* [aprendees**a**je]
  oportunidad [opourtooneed**ad**]   *Argentina* [arjent**ee**na]
  contribuir [kontriboo**ee**r]*   *principal* [prinseep**al**]

*Note how two vowels together are pronounced. Of the five vowels (a, e, i, o and u), two are 'weak' in Spanish (i and u).

Two strong vowels together are always pronounced separately, for example *feo* [fayoh]. A strong and a weak vowel together form one syllable, with the stress on the strong vowel, for example *industrial* (see above), or occasionally with an accent on the weak vowel if need be, for example *biología* (see above). Two weak vowels together are pronounced as one syllable, with the stress on the second, for example *contribuir* (see above).

ENLACE

Go to pages 184–185 for more details on pronunciation.

¿Cómo ayudas en casa? (1)

- Learn how to talk about what you do, and how often, in the context of helping at home.

Aquí estamos Radio Lucumi en el Centro Comercial Plaza Sur, al lado de la heladería. Queremos saber si los jóvenes de hoy ayudan en la casa. Tenemos una pregunta muy simple: ¿Qué haces tú para ayudar con las tareas domésticas? Se lo preguntamos a estos jóvenes.

Chico 1: Pues, yo soy muy buen chico. Ayudo mucho a mi mamá. Plancho la ropa de vez en cuando, friego los platos casi todos los días y siempre hago la cama.

Chico 2: Hombre, yo no hago tanto. Mi madrastra lo hace todo – bueno, algunas veces saco la basura, pero nada más.

Chico 3: ¡Qué perezoso eres! Todos los días yo ayudo en la cocina. A veces cocino, lavo los platos, pongo y quito la mesa. Y los fines de semana ayudo a limpiar la casa, paso la aspiradora y quito el polvo. Mi padre trabaja en el jardín y lava el coche, mientras que mamá y yo arreglamos la casa.

Chico 4: Por la mañana saco al perro a pasear y luego por la tarde mi hermana lo hace porque regresa a casa antes que yo. Mi padre es quien cocina porque mi madre trabaja hasta las siete y media.

Chica 1: Generalmente me encargo de lavar la ropa. Bueno, quiero decir que pongo la lavadora, y cuelgo la ropa en el jardín. Pero es mi madrastra quien plancha. ¡Yo odio planchar!

Así terminamos la investigación de Radio Lucumi. Continuamos ahora con la música de Machel Montano, cantante trinitario.

GRAMÁTICA

In each of the answers above, you will see that the people are talking about what they generally do, or don't do, to help at home. They use the present tense of the verbs chosen. Most are talking in the first person about what they do, for example *friego los platos, saco la basura, quito el polvo*, and in most cases the verb ends in –o.

Some irregulars exist in the first person singular, the most common being *hago (la cama)* also *pongo (la mesa)*. Note that it is also possible to say *tender la cama* instead of *hacer la cama* and *tender la mesa* instead of *poner la mesa*.

When the students are talking about what other members of the family do, the verb ending changes, for example *mi madre trabaja, mi padre cocina, mi madre y yo arreglamos*. Which ending is needed depends on the subject of the verb, and the group of verbs to which the verb in question belongs.

Subject pronouns

Subject pronouns are often omitted in Spanish, because the ending of the verb makes it clear who the subject is. However, it is useful to know them.

yo – I

tú – you (familiar, singular)

usted (Ud.) – you (formal, singular)

él – he

ella – she

nosotros/as – we

ustedes (Uds.) – you (plural)

ellos – they (masculine or mixed group)

ellas – they (female only)

Notice that some verbs differ from the infinitive in certain persons, for example *friego* (from *fregar*), *cuelgo* (from *colgar*), *tiendo* (from *tender*). They are known as radical-changing, or stem-changing verbs. For more details on these, see pages 170–171.

The students also mention with what regularity they perform the chores.

The following common phrases are very useful when we talk about the frequency of actions.

siempre – always

(casi) todos los días – (almost) every day

muchas veces – often, many times

a menudo – often

generalmente – generally

los fines de semana/cada fin de semana – at the weekend/each weekend

a veces – sometimes

de vez en cuando – from time to time

por la mañana/tarde/noche – in the morning/afternoon/evening/night

pocas veces – seldom

raras veces – rarely

nunca – never

ENLACE

For full verb tables see pages 168–183.

For a full list of verbs for this topic, see *Más vocabulario* page 27.

REPASO

Practise this topic by preparing sentences which describe the division of labour in your family.

See pages 20–21 for the use of negatives in this context.

¿Cómo ayudas en casa? (2)

- Learn how to talk about what we don't do to help at home!

GRAMÁTICA

So, to make a verb negative, *no* is placed before the verb.

Other negative expressions are …

nada – nothing

nadie – nobody

nunca/jamás – never

ninguno (adjective) – no/not any/none*

ni … ni … – neither … nor …

tampoco – neither, not either (negative of *también*)

en mi vida – never in my life

a/en ninguna parte – nowhere

ya no – no longer

ninguno agrees with the noun to which it refers. It is the opposite of *alguno*, and as such, behaves the same, by dropping the –o ending before masculine singular nouns: *no veo a ningún chico*. Remember that you only ever use *ninguno* in the singular – *no hay ningún libro en la mesa*, *no hay ninguna chica en la clase*, *no hay ningún queso en el frigorífico* – it translates as 'not one, not any'. The plural form of *ninguno* is not used.

One of the students on page 18 talked about his contributions to the chores with: *Hombre, yo no hago tanto.*

Remember, to talk in a negative sense, we place *no* before the verb.

No friego los platos, lo hace mi hermano.

Mi padre no saca la basura, lo hago yo.

However, there are also other negative words which add more information.

Another student joins our conversation.

Yo no hago nada. Nunca preparo la comida, no friego jamás los platos. Nadie ayuda a mi madre en la cocina, ni mi padrastro, ni mis hermanos o hermanastros. Tampoco ayudamos en el jardín. En mi vida pongo la lavadora. No tengo ninguna idea de cómo ponerla. Y mis abuelos ya no ayudan tampoco porque están viejitos y no pueden hacer nada. ¡Mi pobre mamá lo hace todo! No nos ve en ninguna parte a la hora de ayudar.

You will see that there are two ways of using some of these negative words, either (1) with *no* before the verb and the negative word after the verb, for example *no friego jamás los platos* or (2) with the negative word before the verb, for example *nunca preparo la comida*. When the negative word is used before the verb, *no* is not necessary.

ACTIVIDAD

Rearrange the following to make meaningful sentences.

1. los todos yo la en cocina días ayudo.
2. hermanos yo nuestros dormitorios arreglamos mis y.
3. papá el jardín en trabaja mi.
4. cuando friego en platos vez de los.
5. aspiradora quitamos y el pasamos polvo la.
6. perro saca pasear mi a al hermanastra.

Make the following sentences negative, for example *Siempre cuelgo la ropa.* → *No cuelgo nunca la ropa.*

1. Mi hermana tiende la mesa a menudo.
2. Todos ayudan en casa.
3. Mi hermano hace mucho para ayudar en casa.
4. Mi padrastro saca la basura.
5. Yo plancho la ropa de vez en cuando.
6. Mi mamá cocina todos los días.

Practise for the Listening Comprehension Part A with the following. You may like to ask a friend or family member to read out the sentences below the pictures for you.

You hear a single sentence. Choose from the four pictures the one which shows what the sentence says.

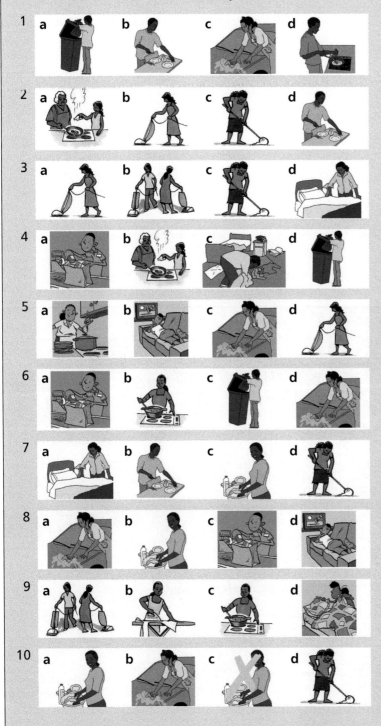

1 Mi padre saca la basura por la noche.
2 Yo pongo la mesa de vez en cuando.
3 Pasamos la aspiradora el fin de semana.
4 Arreglo mi dormitorio a menudo.
5 No hago nada en casa.
6 Siempre hago la compra.
7 Friego los platos a veces.
8 Mi mamá siempre lava el coche.
9 Cocino de vez en cuando.
10 Nunca friego los platos.

¿Tienes animales?

OBJETIVOS

• Learn how to talk about your pets, and other animals.

ENLACE

For more animal vocabulary see *Más vocabulario* page 27.

ESTRATEGIAS

As with the contextual dialogue, the contextual announcement requires adherence to certain rules.

• Always follow the instructions carefully.

• Keep to the word count.

• Make sure you include all of the required elements.

• Thoroughly check the completed piece for common errors.

• Remember, there is often a simple way to convey the required information. Don't be too ambitious, unless you are sure of the Spanish you are going to use. In the example opposite, for 'reason why it is so important to find it and details of the reward', you need only say the dog is important for the whole/all the family, and offer $100 *por el perro*. Contact details need only include a name and telephone number. Make sure you write a sufficient number of words overall and convey all the requirements.

Clara: ¿Tienes un animal doméstico en casa?

Marcos: Sí, en casa tenemos muchos porque nos gustan mucho los animales. Mis amigos dicen que mi casa es casi como un zoo, pero no tenemos ni tigres ni leones, tampoco elefantes ni osos. Pero sí tenemos pájaros, un gato y un perro, las cobayas de mi hermano menor y la serpiente de mi hermano mayor. Y mi madre tiene un caballo.

Clara: ¿Por qué tienen tantos animales?

Marcos: Creo que es porque mis abuelos viven en una granja, y mis padres están acostumbrados a vivir con muchos animales. Los abuelos tienen vacas, ovejas, cerdos, unas cabras, bastantes gallinas y unos pocos conejos. Y tú, ¿no tienes animales?

Clara: No, por desgracia. Vivimos en un piso en el centro de la ciudad y no se permiten animales.

Marcos: ¡Qué lástima!

Gender

To recap, the gender of a noun will determine the agreement of adjectives, articles and pronouns. Most masculine nouns end in –o, most feminine nouns end in –a. In some cases, the meaning of the word will indicate its gender, for example *la madre*.

Some exceptions include *el mapa, el día, el planeta, el yoga;* also *la radio, la foto(grafía), la moto(cicleta)*.

But there are other general indications of gender.

Many words which end in *–dad, –ión, –tad, –tud, –umbre, –ie, –isis, –itis* are feminine.

Many words which end in *–ma, –ista, –aje, –ón, –án, –ambre* are masculine.

Compound nouns (where two words are joined to make a new word) are masculine, for example *el rascacielos* (skyscraper), *el sacacorchos* (corkscrew), *el limpiaparabrisas* (windscreen wiper).

Some fruits are feminine, but their trees are masculine, for example *la naranja – el naranjo, la manzana – el manzano, la cereza – el cerezo*.

When a feminine noun begins with a stressed 'a–', the masculine article is used, even though the noun remains feminine, for example *el agua está buena*.

Plurals

To recap, *–s* is added to words ending in a vowel, and *–es* to words ending in a consonant, to make a plural.

However, there are certain changes which occur.

When words end in *–z*, the *–z* changes to *–c*, for example *de vez en cuando* **but** *a veces*.

If a word ends in a stressed syllable, the stress mark is omitted in the plural, for example *la estación – las estaciones, el inglés – los ingleses*.

Words ending in an unstressed *–en* require an accent on the preceding syllable in the plural, for example *el joven – los jóvenes*.

Most words ending in unstressed *–is* or *–es* do not change, for example *los lunes, las crisis*.

Use the following information to write an advertisement of 80–100 words in Spanish.

You have lost your pet and wish to offer a reward for any information leading to its return.

All of the following details must be included in the advertisement.

a type of advertisement (Refer to pages 8–9)

b what has happened and when (See pages 6–7)

c description of your pet, its name and age (See pages 8–9)

d reason why it is so important to find it and details of the reward

e who to contact and how

For notes on the rules of stress, see the Pronunciation Guide, pages 184–185.

Hablando de mi familia y de mi casa

- Learn to read, write and talk at length about home and family.

Read the email carefully, all the way through. Make a list of words that you don't know. Have a guess at their meaning from the context, then look them up and see if you have guessed correctly, or are almost correct. Look back at these words in the text and see if there were any other clues that may have helped you to get closer to their meaning.

Much of what you read here will be useful to you in talking about your own family and home. You can substitute facts, change a detail here and there, alter, and maybe expand, some ideas, using the material in this Unit and the vocabulary section which follows. What you produce should provide you with a good revision piece for some of the 'Home and Family' topic area.

Recibes un correo electrónico de una correspondiente hispana en el que te habla sobre su familia.

Hola.

¿Qué tal? Me presento. Me llamo Elena Ochoa Vargas. Tengo dieciséis años y vivo en Santiago, la capital de Chile, con mi familia. Vivimos en una casa en las afueras de la ciudad, en una zona bastante bonita que tiene un parque y otros espacios verdes.

Mi familia es lo más importante para mí. Somos cinco en casa: mis padres, mi hermano mayor y mi hermana menor y nos entendemos muy bien. Mi papá es argentino, vino a Chile en 1988 y conoció a mi mamá el mismo año. Se casaron al año siguiente y mi hermano nació en 1994. Mi hermano es muy guapo, alto y moreno, con el pelo bastante largo. Mi madre se queja de lo largo que es. Yo nací en 1998 y mi hermana menor un año después. Ella es súper simpática. No tenemos ningún primo, ni tíos tampoco, porque mis padres son hijos únicos.

Pero tenemos otro miembro de la familia, que es Nacho, el perro. Se llama Nacho, porque, un día, cuando era todavía un cachorro, ¡se comió una bolsa entera de nachos y no se enfermó! Es muy fuerte y tonto pero simpático. Todavía es joven. Sólo tiene dos años. Tenemos un pequeño jardín, pero lo llevamos de paseo al parque dos veces al día, porque necesita correr mucho. Tiene mucha energía. Por la noche duerme en el garaje, pero está con nosotros durante el día, en la planta baja. No le permitimos subir al primer piso.

La casa es moderna. Es muy cómoda. Todos los hijos tenemos nuestro propio dormitorio y también hay un dormitorio para los invitados, por si quieres venir algún día a visitarnos.

Mi mejor amiga se llama Julia. Pasa mucho tiempo con nosotros porque vive con su madre, que está divorciada. Como madre soltera tiene que trabajar mucho y Julia está sola en casa muy a menudo, así que viene a visitarnos. Es como parte de la familia, otra hija – hasta ayuda a mamá más que nosotros. A veces prepara la comida, y siempre friega los platos si come con nosotros. Mis hermanos nunca ayudan. Bueno, de vez en cuando arreglan su dormitorio o pasan la aspiradora, pero nada más. Generalmente hago compras los fines de semana.

Y ahora tengo que irme. Es la hora de comer. Espero tu respuesta. ¿Cuál es tu dirección postal? ¿Tienes teléfono? ¿Cuál es tu número? ¿Cuándo es tu cumpleaños? ¿Cómo es tu casa? ¿Y tu familia?

¡Hasta pronto, espero!

Un abrazo

Elena

Nacho

Santiago, la capital de Chile

ACTIVIDAD

Answer the following questions in English.

1 In what part of the city does Elena live?
2 Where did Elena's parents meet and how long was it after they met that they got married?
3 What problem does the mother have with her eldest child?
4 Why is the dog called Nacho?
5 Give two reasons why they take him to the park.
6 Why does Julia spend so much time with Elena's family?
7 What does Elena do to help at home?

1.13 Más vocabulario

La familia

(see page 2)

los miembros de la familia – *the members of the family*

el/la abuelo/a – *grandfather/mother*

el/la esposo/a – *husband/wife*

el/la hermano/a – *brother/sister*

el/la hijo/a – *son/daughter*

la madre – *mother*

la mamá – *mum*

el marido – *husband*

la mujer – *wife (used in Spain)*

el/la nieto/a – *grandson/daughter*

el/la niño/a – *child*

el/la novio/a – *boy/girlfriend*

el padre – *father*

los padres – *parents*

el papá – *dad*

el/la primo/a – *cousin*

el/la tío/a – *uncle/aunt*

Más vocabulario para la familia

el/la cuñado/a – *brother/sister-in-law*

los familiares – *relations*

el/la gemelo/a – *twin boy/girl*

el/la hermanastro/a – *stepbrother/sister*

la madrastra – *stepmother*

la nuera – *daughter-in-law*

el padrastro – *stepfather*

el/la pariente – *relation*

el/la sobrino/a – *nephew/niece*

el/la suegro/a – *father/mother-in-law*

el/la viudo/a – *widower/widow*

el yerno – *son-in-law*

soltero/a – *single*

Los números

(see page 6)

uno – *one*

dos – *two*

tres – *three*

cuatro – *four*

cinco – *five*

seis – *six*

siete – *seven*

ocho – *eight*

nueve – *nine*

diez – *ten*

once – *eleven*

doce – *twelve*

trece – *thirteen*

catorce – *fourteen*

quince – *fifteen*

dieciséis – *sixteen*

diecisiete – *seventeen*

dieciocho – *eighteen*

diecinueve – *nineteen*

veinte – *twenty*

veintiuno – *twenty-one*

veintidós – *twenty-two*

veintitrés – *twenty-three*

veinticuatro – *twenty-four*

veinticinco – *twenty-five*

veintiséis – *twenty-six*

veintisiete – *twenty-seven*

veintiocho – *twenty-eight*

veintinueve – *twenty-nine*

treinta – *thirty*

treinta y uno – *thirty-one*

cuarenta – *forty*

cuarenta y uno – *forty-one*

cincuenta – *fifty*

sesenta – *sixty*

setenta – *seventy*

ochenta – *eighty*

noventa – *ninety*

cien(to) – *one hundred*

doscientos/as – *two hundred*

trescientos/as – *three hundred*

cuatrocientos/as – *four hundred*

quinientos/as – *five hundred*

seiscientos/as – *six hundred*

setecientos/as – *seven hundred*

ochocientos/as – *eight hundred*

novecientos/as – *nine hundred*

mil – *one thousand*

mil ciento – *one thousand one hundred/ eleven hundred*

dos mil – *two thousand*

cien mil – *one hundred thousand*

un millón – *one million*

dos millones – *two million*

Los adjetivos

(see page 8)

abierto – *open*

activo – *active*

agresivo – *aggressive*

amable – *pleasant*

atrevido – *daring*

célebre – *famous*

cerrado – *shut*

cortés – *polite*

cruel – *cruel*

débil – *weak*

deportivo – *sporty (likes sport)*

diferente – *different*

distinto – *different*

divertido – *amusing*

egoísta – *selfish*

elegante – *elegant*

emocionante – *exciting*

especial – *special*

extraño – *strange*

famoso – *famous*

fuerte – *strong*

generoso – *generous*

gracioso – *funny*

hablador – *talkative*

hermoso – *beautiful*

honesto – *honest*

industrial – *industrial*

ligero – *light*

limpio – *clean*

lindo – *pretty*

listo – *clever (with* ser*), ready (with* estar*)*

lleno – *full*

maleducado – *rude*

mentiroso – *lying*

mojado – *wet*

nervioso – *nervous*

nuevo – *new*

paciente – *patient*

peligroso – *dangerous*

perezoso – *lazy*

pesado – *heavy ('annoying' if in the context of personality)*

precioso – *lovely*

ruidoso – *noisy*

rural – *rural*

sano – *healthy*

sensible – *sensitive*

serio – *serious*

sucio – *dirty*

tímido – *shy*

trabajador – *hard-working*

tranquilo – *still, calm, quiet*

travieso – *naughty*

útil – *useful*

vacío – *empty*

valiente – *brave*

viejo – *old*

Los quehaceres

(see pages 18–21)

arreglar – *to tidy*

ayudar – *to help*

cocinar – *to cook*

colgar la ropa – *to hang out the washing*

dar de paseo/sacar a pasear – *to walk (take for a walk)*

encargarse (de) – *to take charge of*

fregar los platos – *to wash the dishes*

hacer (o tender) la cama – *to make the bed*

hacer compras – *to do the shopping*

lavar – *to wash*

limpiar la casa – *to clean the house*

pasar la aspiradora – *to vacuum*

planchar – *to iron*

poner la lavadora – *to put the washing machine on*

poner (o tender) la mesa – *to lay the table*

preparar la comida – *to prepare meals*

quitar la mesa – *to clear the table*

sacar la basura – *to take out the garbage*

trabajar – *to work*

Los animales

(see page 22)

el caballo – *horse*

la cabra – *goat*

el cachorro – *puppy*

el cerdo – *pig*

la cobaya – *guinea pig*

el conejo – *rabbit*

el elefante – *elephant*

la gallina – *hen*

el gato – *cat*

el gatito – *kitten*

el león – *lion*

el oso – *bear*

la oveja – *sheep*

el pájaro – *bird*

el perro – *dog*

el ratón – *mouse*

la serpiente – *snake*

el tigre – *tiger*

la vaca – *cow*

Más vocabulario

las afueras – *suburbs*

el correo electrónico – *email*

un día festivo/feriado – *holiday/day off*

This section will be included at the end of each Unit. There will be samples of some of the types of questions to be encountered in the CSEC examination, but not all types of question in each topic area. All types of question will be covered in the six topic areas/Units.

Paper 1

Part A – Listening comprehension
Section IV

You will receive the following instructions, after first hearing a passage in Spanish.

A passage in Spanish has just been read to you (see below for transcript). You may now study the questions and make notes. Select the best answer for each question given. You will then hear the passage again (in two parts*), with five minutes (between parts*) to choose your answers. The passage will be read a third time, after which you will have four minutes to check your answers and make any final revisions.

*In this sample, there is only one part. However, in the examination the passage will be divided into two parts, with four questions per part.

Ask a friend or family member to read this passage to you.

El novio de mi hermana mayor es mexicano, de Monterrey. Afortunadamente habla bien el inglés. Cuando viene a casa se entiende bien con todo el mundo, sobre todo con mis padres. El otro día vino y ayudó a mi padre a lavar el coche por la mañana, y luego, después de comer, fregó los platos. Es muy simpático y muy inteligente. Sabe cómo llevarse muy bien con mis padres.

i   Where is the sister's boyfriend from?

    a England   **b** Mexico   **c** United States   **d** the Caribbean

ii   How does he make himself helpful?

    a he cooks   **b** he works in the garden   **c** he washes up
    d he vacuums

(2 marks)

Paper 2

Section 1 – Directed situations

Write in Spanish the information required for each of the situations given below. Do not write more than one sentence for each situation. A complete sentence may not be necessary. Do not translate the situation given.

1 You have invited some friends to lunch, but you and the family are in the garden and will not hear the doorbell. You write a note and leave it on the front door. What does the note say?

2 You have arranged to meet a girlfriend, but are going to be late. Another friend says he will go and explain, so you give him a note of introduction, to give to your girlfriend. What does the note say?

3 You send an email to your girlfriend, in which you tell her how to spot your friend from his physical description. What does the email say?

4 It's your birthday. You wish to invite a friend to your house to celebrate, and so you send a text message. What does the message say?

5 A neighbour wishes to borrow a book. You leave a note for him, saying where it is in the house. What does the note say?

6 You are going on holiday and hope to find someone to look after your pet. You write an advertisement in which you say what your pet is like. What does the advertisement say?

7 Your friend, whose flight has arrived earlier than expected, sends you a text while you are on the way to the airport to meet him. What does the text say?

8 Your sister is about to perform in a show and you know she is nervous. You send her a text. What does the text say?

(Total 24 marks)

Paper 3

Oral – Responses to situations

Four situations are described below. You are required to respond to each one in spoken Spanish.

1 You ask your mother if you can go out, but you haven't tidied your room as she had wished.
   a What does she say?
   b What do you respond?

2 The vacuum cleaner breaks.
   a You seek assistance from a neighbour. What do you ask him/her?
   b What does he/she respond?

3 Your sister is in the bathroom. You need to leave for school but want to clean your teeth.
   a What do you say to her?
   b What does she respond?

4 Your penfriend arrives at your home.
   a You make him/her welcome.
   b What does he/she respond?

   (5 marks per response – 2 for appropriateness and fluency, 3 for grammar and vocabulary)

OBJETIVOS

- Learn how to introduce people and respond to introductions in a more formal situation.

¿SABÍAS QUE ...?

Ud. and *Uds.* are abbreviations of *usted* and *ustedes*, which in turn are abbreviations of *vuestra majestad* and *vuestras majestades* (your majesty/majesties).

ACTIVIDAD

Make a list of all instances of infinitive constructions in this dialogue. Familiarise yourself with them. They will be of use in your written work, to add 'style' to your writing. There are several in the dialogue on this page, and you will see many more throughout the book.

Use the prepositions in *Gramática* (on page 31) to make new versions of the following sentences.

1   Voy a comprar un regalo, luego voy a dárselo a mi novia.

2   Cuando entra en la clase, el profesor siempre grita.

3   Voy al colegio pero no paso por la estación.

4   Visito a mi abuela y luego voy inmediatamente a casa.

La familia Gómez visita el nuevo colegio de su hijo por primera vez. Alfonso, su hijo, les presenta al director.

Alfonso: Buenos días, discúlpeme, señor Vargas. Quisiera presentarle a mis padres, los señores Gómez.

Director: Señor Gómez, señora Gómez, mucho gusto en conocerles.

Señor Gómez: Encantado. El gusto es nuestro.

Señora Gómez: Igualmente. Encantada, señor Vargas.

Director: ¿Cómo están Uds.?

Señora Gómez: Muy bien, muy contentos de poder visitar su colegio. ¿Y Ud.?

Director: Yo estoy muy contento de poder darles la bienvenida a mi colegio. ¿Uds. quieren hacer un recorrido por el colegio? ¿Me permiten acompañarles?

Señor Gómez: Si no tiene inconveniente.

Director: No, ninguno. Será un placer.

Señor Gómez: Entonces, muchísimas gracias.

Director: De nada, señores. Vamos.

Note the formality in the language used, not only in the vocabulary but also in the use of the 3rd person of the verb, the formal subject pronouns *(Ud.* and *Uds.)*, and the 3rd person (direct and indirect) object pronouns *(le/les)*.

Remember, *encantado* ('pleased to meet you') is an adjective and must agree with the person who is speaking. Señor Gómez says *encantado*, while Señora Gómez says *encantada*. They would say *encantados* if replying for both of them.

GRAMÁTICA

Subject and object pronouns

We have met the subject pronouns already. These are not always needed, as often the subject of the verb is clear from the verb ending and the context. They are mostly used to avoid ambiguity or to add emphasis.

Object pronouns (direct and indirect) stand instead of nouns, and, as such, **are** needed.

Direct object pronouns

me – *me*, you (fam. sing.) – *te*, him/it – *le/lo*, her/it – *la*, you (formal sing.) – *le/la/lo*, us – *nos*, them – *les/las/los*, you (plural) – *les/las/los*

Indirect object pronouns

to me – *me*, to you (fam. sing.) – *te*, to him/her/it – *le*, to you (formal sing.) – *le*, to us – *nos*, to them – *les*, to you (plural) – *les*

Direct object pronouns are used when the person or thing is the object of the verb. Indirect object pronouns are used to say 'to me/us/it/him/you' etc. when the person is involved, but is not the direct object of the verb.

Pronouns are generally placed before the verb, but they come after …

i   positive commands, for example *discúlpeme*

ii   infinitives, for example *acompañarles*

iii present participles, for example *estoy visitándolo*

Note that the addition of an extra syllable or syllables may require the addition of a stress accent.

If both direct and indirect object pronouns are used, the indirect object pronoun comes first.

For example: *Está mostrándomelo, Va a mostrármelo*

If both are in the third person, the first one (i.e. the indirect object pronoun) becomes *se*, to avoid repetition of words beginning with 'l–'.

For example: *Estoy mostrándoselo, voy a mostrárselo*

Prepositions

The infinitive form of the verb must be used directly after prepositions.

Mucho gusto en conocerles.

In many instances, the prepositional phrase will relate to 'time'.

Note that these can only be followed by an infinitive if the subject of the verb is the same as the subject of the main verb.

antes de
después de
al
para   + infinitive
de
sin

For example: *Antes de comer me lavo las manos.*

ESTRATEGIAS

• The register (formal or informal) is of vital importance, and must be maintained throughout a conversation or correspondence once it is started. In written contexts, for example a letter, make sure to check that you have kept the correct register going throughout.

• Generally speaking, you would use *tú* to people of your own age or younger, and to adults in your family or close circle. Otherwise use *Ud.* when addressing people. It is better to err on the side of formality than to offend by being over familiar!

REPASO

Practise using the formal register, to familiarise yourself with the changes in the use of pronouns and verb endings.

Imagine yourself in a formal situation. A friend of your parents, whom you have never met, arrives early at your house and your parents are not yet home. You greet the friend, invite them in and offer a drink and something to eat. You invite them to sit in the lounge and engage in conversation with them. What do you say?

Lo siento

Jaime salió anoche y llegó a casa muy tarde. Como consecuencia se despertó tarde y llegó al colegio cuando la primera clase acababa de empezar. Además, tampoco hizo las tareas.*

Al entrar en la clase, la profesora le habla ...

Profesora: ¿Qué hora es?

Jaime: No sé, profesora. Es que ...

Profesora: Son las nueve y diez. ¿Y a qué hora empieza esta clase?

Jaime: A las nueve, profesora.

Profesora: ¿Y cómo es que llegas tan tarde?

Jaime: Lo siento, profesora. Es que no oí el despertador.

Profesora: Hmmm. ¿Y las tareas?

Jaime: ¡Ay, perdóneme, profesora! Es que no las pude hacer anoche. Tuve que salir.

Profesora: Ah, ahora entiendo. ¿Y a qué hora volviste a casa?

Jaime: Bueno, a medianoche.

Profesora: Sí, sí. No me extraña que no hayas oído el despertador. Y las tareas, ¿cuándo puedes hacerlas?

Jaime: Para mañana, profesora. Se lo prometo. Discúlpeme. Lo siento mucho.

Profesora: Bueno, ahora a trabajar y a recuperar el tiempo perdido.

La(s) tarea(s) is the word often used for 'homework' in Latin America. You may also come across *los deberes*, which is more common in Spain.

There are several ways in which to express regret and apology.

Lo siento (mucho)

Perdóne(me)/Discúlpe(me)/Excúse(me) – in a formal context

Perdóna(me)/Discúlpa(me)/Excúsa(me) – in an informal context

Note that the stress mark is not needed if *me* is omitted.

Add '–n' for asking forgiveness of more than one person, for example *Discúlpenme, señores.*

The above phrases can stand on their own to express regret. (Remember, when saying *Siento* rather than *lo siento*, it needs to be followed by more information.)

But ...

Be aware that after verbs that express an emotion (for example sadness, regret, fear, anger, surprise, joy, (dis)pleasure, (dis)liking), a subjunctive will be needed in the subordinate clause.

For example: *Siento que no haya llegado a tiempo. No me extraña que no hayas hecho los deberes.*

When the main verb is in the present tense, the subjunctive will also be in the present (or perfect) tense. However, if the main verb is in the past, the imperfect subjunctive is required for the subordinate clause.

For example: *No me extrañó que hubiera llegado tarde.*

GRAMÁTICA

La primera clase acababa de empezar.

Acabar de + infinitive conveys the meaning of 'to have just (done something)' when used in the present tense, for example *Acabo de ver a mi tío.* I have just seen my uncle. *Acaban de entrar.* They have just come in.

When used, as in the first example, in the imperfect tense, it takes us further back into the past, for example *La primera clase acababa de empezar.* The first class had just started. *Acababa de leer el artículo cuando vi el reportaje en la tele.* I had just read the article when I saw the report on TV.

ENLACE

For a full explanation of how the subjunctive is formed, see verb tables, page 181.

REPASO

Imagine the scenario. You and a group of friends can do nothing right for a particular teacher. Apologise and explain the reason for the following misdemeanours.

Note whether the teacher is asking one person or more than one. Your answers should differ accordingly – *yo* plus 1st person singular verb, or *nosotros/as* plus 1st person plural verb.

1 ¿Por qué no llevas el uniforme correcto hoy?
2 ¿Por qué no entregaste la tarea esta mañana?
3 ¿Por qué gritas tanto en el patio?
4 ¿Por qué hablan en clase?
5 ¿Por qué comes en el pasillo?
6 ¿Por qué llegas tan tarde?
7 ¿Por qué no pueden jugar el partido el sábado?
8 ¿Por qué estás comiendo chicle?
9 ¿Por qué están mojados los deberes?
10 ¿Por qué estás todavía en el colegio a las seis de la tarde? ¿No vas a casa?

ESTRATEGIAS

It is quite likely that, in the directed situations, responses to situations or contextual dialogue, you will be asked to apologise for and explain an incident. It is a good idea to be prepared. Practise with the suggestions in the *Repaso* section.

Mi colegio

OBJETIVOS

• Learn how to talk about your school and its facilities.

GRAMÁTICA

Hay **más de** mil estudiantes.

When we compare numbers we use *más de* plus the number, for example *más de mil veces, más de un cincuenta por ciento.*

Note that when we compare other things or people ('more … than'), we use *más … que,* for example *Es más grande que su hermano mayor.* He's bigger than his older brother.

La misma profesora está en el patio con los estudiantes.

Profesora: ¿Por qué están aquí? ¿No deben estar en clase? Son las nueve ya.

Flor: Sí, señora. Ahora vamos. Es que hay un alumno nuevo. Le presento a Mateo. Le mostramos el colegio y todas las instalaciones.

Profesora: Bienvenido, Mateo. Hacen bien, pero ya pueden ir a clase. Mateo, acompáñame y continuaremos la visita mientras caminamos.

Flor: Bueno, gracias, profesora. Mateo, nos vemos pronto.

Mateo: Gracias, chicas. Muy amables.

Profesora: Bueno, Mateo, vamos. Aquí estamos en el patio central. Ahí en la entrada está la recepción, las oficinas y la sala de profesores. Detrás, a la izquierda, está el aula principal donde nos reunimos para la asamblea, todos los lunes, miércoles y viernes, y ahí presentan obras de teatro, bailes y conciertos de música. Hay un escenario grande. Alrededor del patio hay las salas de clase y los laboratorios de ciencias. La biblioteca está delante de nosotros, y además de tener muchos libros, ahí tienes acceso a las computadoras. Es una biblioteca muy moderna, con todos los avances técnicos. Las instalaciones deportivas, el gimnasio y la piscina están enfrente, con los vestuarios a la derecha. Las canchas de fútbol y de otros deportes están al otro lado de ese edificio. Tenemos muchos clubes que hacen actividades deportivas cada semana, también tenemos clubes de ajedrez, teatro, arte y música. La cafetería está aquí – almorzamos aquí a la una. Bueno, ¿me quieres preguntar algo?

Mateo: ¿Cuántos alumnos hay en el colegio?

Profesora: Somos uno de los más grandes del país, con más de mil estudiantes – quinientos y pico chicos, y quinientas cincuenta chicas.

Mateo: Muy bien. Muchas gracias.

Profesora: Y ahora a clase. Es tarde ya.

ENLACE

See *Más vocabulario* page 56 for a full list of connectives.

ACTIVIDAD

Vocabulary

Have a brainstorming session with vocabulary groups. Think of all the words you can in different categories. Practise with a friend (or friends) and take it in turns to think of words in a certain group, until one of you fails to think of one. The other(s) gain(s) a point. Continue with different word groups, for example the ones we have mentioned so far in this book – *las instalaciones del colegio, los miembros de la familia, las habitaciones de la casa, los muebles, los animales* – and others still to mention – *las asignaturas, la comida, los lugares de la ciudad.*

Connectives

Connectives are what add interest to your spoken and written Spanish, and any language for that matter. They help to prevent us talking in boring lists, for example *En mi colegio hay una biblioteca, unos laboratorios* etc.

As their name suggests, they connect sentences or phrases.

Among the most simple and commonly used connectives are *y* and *pero, porque* and *también*. Also you may see *además* and *mientras (que)* ..., for example *En Nueva York vi la Estatua de la Libertad, además de los otros sitios de interés como el Edificio del 'Empire State' y Wall Street, mientras hacíamos una visita guiada.*

¿SABÍAS QUE ...?

In Venezuela, since 1975, *el sistema* has existed, a revolutionary educational project to give youngsters the chance to learn an instrument and play in one of the country's many symphony orchestras, which have gained world renown for the quality of their music, and also the enthusiasm of their musicians. Children as young as two, 90% of whom come from the lowest economic groupings, are sponsored, given access to instruments, and taught by professionals, in an effort to nurture confidence and pride in their abilities. The project has been a huge success over the years, has spanned many governments, and continues to impress internationally.

REPASO

Be prepared to answer the following questions about your school.

1   ¿Cómo se llama tu colegio? *(Se llama Merryweather High School.)*

2   ¿Dónde está situado? (See page 13 for prepositions of place.)

3   ¿Cuántos alumnos hay? (See page 34.)

4   ¿Cómo se llama el director/la directora / el/la profesor(a) de ...?

Could you describe your school to a new pupil? Mention the different facilities, what they are like, and their location, using prepositions of place (see page 13), the verbs *estar* and *hay*, and as many connectives as you can (see page 56).

¡Presta atención!

- Learn how to express commands ('imperatives'), make requests and insist.

En el colegio hay muchas reglas importantes que aseguran la seguridad de los alumnos y el buen funcionamiento de las clases.

¿Estás de acuerdo? ¿Son importantes las reglas? ¿Cuáles son las más importantes? ¿Y las menos importantes?

Hablan de eso en clase.

1 Miguel, ¡presta atención! Hablas demasiado.

2 Nuria, ¡no recojas* el libro! ¡Déjalo!

3 Claudio, ¿llegas tarde otra vez? ¡Mañana llega a tiempo! Ya te dije ayer que debes llegar a clase temprano.

4 ¡Estudien lo máximo posible!

5 Pablo, ¡escoge entre estos ejercicios el que quieras hacer!

6 Chicos, hay que estar atentos todo el tiempo.

7 Elena, ¡no comas en clase, por favor!

8 Felipe, ¡dame tu cuaderno!

9 Hace falta asistir a todas las clases extras.

10 De verdad, ¡esfuércense más!

11 Rafael, tienes que esforzarte más. Eres muy perezoso.

12 Rosa, ¡no hables! ¡Haz la tarea!

13 Bueno, se termina la clase. Deberían aprender el vocabulario en casa.

All the above are commands (imperatives) of one kind or another, from the teacher to the pupils, in the informal register, singular or plural.

1, 3 and 5 are simple positive commands (*presta, llega, escoge*).

8 (*dame*) and 2 (*déjalo*) show how we add pronouns on to the end of positive commands, and how this may require a written accent to be added.

2, 7 and 12 are examples of negative commands. Note the spelling change needed at *.

4, 6, 9–11 and 13 show other ways to express obligation, using different phrases plus the infinitive.

Each 'imperative' or command has a slightly different strength or 'force'.

- Direct commands (positive or negative) are just that.

- *Tener que* plus an infinitive indicates something you absolutely **have to** do, for example *Tienes que salir ahora.*

- *Deber* plus an infinitive implies you **should** do something, for example *Debes estudiar más.*

- *Hay que* plus an infinitive infers that **it is necessary** to do something. It is impersonal and emphasises the action rather than the person doing it, for example *Hay que estudiar para tener éxito.*

- *Haber de* plus an infinitive means you have to in the sense that you **are to** do something, for example *Has de levantarte pronto.*

- *Hace falta* plus an infinitive is similar to *hay que.*

- *Deber* used in the conditional with an infinitive implies what you **ought** to do, for example *Deberías ir al médico.*

Note that 'commands', in their various forms, can be used in the context of giving advice. (See below in *Repaso*, questions 4, 5 and 6.)

ESTRATEGIAS

Commands, requests and insisting are often required in responses to situations, both oral and written. Learn a selection of common imperatives, words and phrases, which you can use as models for any given task, and substitute a suitable verb for the context.

For example:

– *habla, no hables, hable, no hable*

– *come, no comas, coma, no coma*

– *escribe, no escribas, escriba, no escriba*

– *Tienes que/debes/hay que/hace falta* etc.

Remember the common irregular verbs as well.

ENLACE

See Verb tables, pages 176–177, for full details on the formation of imperatives.

REPASO

What would be said in the following situations?

1 Your mother has left a note telling you to prepare supper. What does the note say?

2 The teacher is going to be late for the lesson and has written work instructions on the board. What do they say?

3 Your brother is very secretive about something he is doing in his bedroom. He leaves a note on the door, forbidding entry. What does the note say?

4 Your friend is having trouble with her homework. You want to give some help. What advice do you give?

5 Your sister's boyfriend is always late for dates. What do you advise her? What does she tell him?

6 Your father has a bad back. What advice do you give him?

7 You go to bed late, after the rest of the family, and want to sleep late too. You leave a note on your door. What does the note say?

8 You need to talk to a friend on the telephone, but only get the answer phone. What message do you leave?

9 A lady comes to help with the cleaning once a week. Your mother leaves her a note to say what to do. What does the note say?

10 The teacher is giving the most important tip for the coming exams. What does he/she say?

OBJETIVOS

• Learn how to talk about your school subjects, and which you like and dislike.

ENLACE

For a full list of school subjects, see *Más vocabulario* page 56.

Volvemos al patio ...

Profesora: ¿Por qué están aquí? ¿No deberían estar en clase? ¿Qué clase tienen?

Flor: Tenemos clase de historia, profesora.

Profesora: Bueno, ¡váyanse en seguida!

Flor: Pues ... la verdad es que ... no nos gusta mucho, señora.

Profesora: (*Furiosa ya*) ¿Qué? ¿No les gusta? Les va a gustar mucho menos el castigo que les voy a dar si no se van a clase ahora mismo.

GRAMÁTICA

¿Te gusta?

It is really important to master how to use the verb *gustar* from the start. You can then use that knowledge and apply it to many other verbs that work in the same way, which will enhance your spoken and written Spanish, making it easier for you to express more closely and authentically what you wish to say.

Gustar belongs to a group of impersonal verbs that can express how different things affect us (for more examples of these see page 40). *Gustar* means, literally, 'to please', and, therefore, instead of saying 'I like something', we use it to say 'it/they please(s) me/you/him/her/us/them'. It is almost always used in the third person (singular or plural, depending on whether the subject of the verb, i.e. the thing that pleases, is singular or plural) with the indirect object pronoun (*me, te, le, les*) indicating who is being pleased.

For example: *Me gusta el español* literally translates as 'Spanish pleases me'.

Also ...

No me gustan las matemáticas. Maths do not please me.

Nos gusta mucho la geografía. Geography pleases us a lot.

No les gusta nada la educación física. PE does not please them at all.

Obviously, the verb *gustar* can be used in many contexts to express our likes and dislikes, and, if required, the reasons why, for example *No me gustan las ciencias porque no me gusta el profesor.*

Also note the use of the infinitive as a singular subject.

Me gusta bailar.

Nos gusta mucho cantar.

A ellos no les gusta estudiar.

When a person, or persons, is/are named, the name/pronoun is preceded by *a* (the personal *a*) as the person is the object of the verb.

Who does it please? María. *A María le gusta la química.*

Occasionally, as the indirect object pronouns show no difference between masculine or feminine, disjunctive pronouns are added to avoid ambiguity or add emphasis.

A mí, a ti, a Ud., a él, a ella, a nosotros/as, a Uds., a ellos, a ellas, for example *A mí me gusta el inglés, pero a él no.*

Be careful – note the use of *me gustas tú* in the cartoon here.

ACTIVIDAD

If possible, ask a classmate or family member to read the following conversation while you listen and make notes about the likes, dislikes and reasons for them (if given) for each person: Pilar, Eduardo, Juan, Felipe, Carmen and Isabel.

Alternatively, read the conversation yourself and make notes.

Pilar: Huy, a mí no me gusta nada la geografía.

Eduardo: ¿Por qué, Pilar?

Pilar: Porque no me gusta nada el profesor. Es demasiado estricto. ¿Qué opinas tú, Eduardo?

Eduardo: A mí me gusta mucho la geografía. Lo que no me gustan son las ciencias. ¿A tí que te parecen, Juan?

Juan: ¿Las ciencias? Me gustan bastante porque el profesor es simpático, más simpático que la de inglés. No me gusta nada el inglés. ¿Y tú, Felipe, qué piensas del inglés?

Felipe: A mí tampoco me gusta el inglés. Pero sí me gustan las matemáticas. ¿A ti te gustan, Carmen?

Carmen: Sí, me gustan mucho también. Son muy fáciles. ¿E* Isabel, qué crees?

Isabel: La asignatura que más me gusta es el español. Es útil e interesante, y, además, la profesora es divertida.

Los otros: Todos estamos de acuerdo contigo.

GRAMÁTICA

- *Note the change from *y* (= and) to *e* before the sound/letter *i*. It is important so as to avoid two similar sounds together.
- *O* (= or) also changes, to *u*, before words beginning with the letter or sound *o*.

REPASO

- Practise using *gustar*, initially with school subjects, and then extend it to other contexts, for example food, drink, places, people … .

¿Qué opinas?

OBJETIVOS

- Learn how to ask for opinions, express your opinions and also give full explanations for them.

ESTRATEGIAS

Remember to add connectives to your opinions, for example *afortunadamente, desafortunadamente, por desgracia, pero, además* etc.

ACTIVIDAD

Study the *Actividad* dialogue on page 39. What questions can you find which elicit the opinions of others?

Me gustan las ciencias.   *Me encantan las ciencias.*

Me interesan las ciencias.   *Me fascinan las ciencias.*

Me entusiasman las ciencias.

... are all positive ways of expressing our feelings for sciences as a school subject. They differ slightly in the nuances of meaning.

gustar = to please   *encantar* = to really please, to delight

interesar = to interest   *fascinar* = to fascinate

entusiasmar = to enthuse

So, as an example, in English we may say 'sciences are interesting', whereas in Spanish it is more common to use the impersonal verb construction to say 'sciences interest me' – *las ciencias me interesan*. This is similar in construction to the way we use the verb *gustar*. See pages 38–39.

Many other verbs function in the same way.

emocionar – to move (someone) emotionally

fastidiar – to annoy   *molestar* – to bother

caerle bien/mal a alguien – to really like/dislike someone

Also, although not used in giving opinions, other useful impersonal verbs are ...

apetecer – to appeal   *quedar* – to be remaining

sobrar – to be in excess   *faltar/hacer falta* – to be needed

doler – to hurt/pain (see page 179 for more on this verb)

You can rank your likes and dislikes by using *me gusta más/menos* or *prefiero*.

Here are some examples ...

- *Me emociona la música de Bob Marley. Es muy espiritual.*
- *A María le emociona la música de Mariah Carey. Es muy sentimental.*
- *Me fastidia el Hip Hop. Es demasiado violento. Pero a muchos chicos les entusiasma.*
- *A todos nos fascina Usain Bolt. Es un atleta fenomenal.*
- *No me apetecen los videojuegos. Son demasiado violentos y absurdos.*
- *A Esteban no le cae bien la mayonesa. Le pone enfermo. Así que siempre come bocadillos sin mayonesa.*
- *Dice que le molesta mi perfume. Dice que es demasiado dulce. Pero no me importa su opinión. Me encanta. Es la nueva fragancia de Chanel.*

¿Estás de acuerdo? ¿Por qué?

The following are all good reasons for liking or disliking school subjects.

When talking about the subject ...
or the teacher ...

Es aburrido/a. / Son aburridos/as.	*Es estricto/a.*
Es interesante.	*Es inteligente.*
Es divertido/a.	*Es simpático/a.*
Es fácil.	*Es antipático/a.*
Es difícil.	
Es útil.	

... always remember to make the correct adjective agreements.

El profesor/la profesora ...

... grita mucho.	*... nos hace trabajar/escribir mucho.*
... nos da muchos deberes.	*... explica bien.*
... nos ayuda si no entendemos.	*... enseña bien.*
... nos hace reír.	

There are many ways in which to express your opinion in response to such questions as those you have found in the activity opposite.

Creo que ...	*Opino que ...*
Pienso que ...	*Me parece que ...*
A mi parecer ...	*En mi opinión ...*
A mi juicio ...	

You can agree ...

Sí. Estoy de acuerdo (contigo). Tienes razón.

... or disagree ...

No. Estás equivocado/a. No estoy de acuerdo.

¡De ninguna manera! ¡Nunca!

Creo que *María es una persona muy simpática.*

Opino que *los profesores de esta escuela ayudan mucho a los estudiantes.*

En mi opinión, *los profesores de esta escuela ayudan mucho a los estudiantes.*

Me parece que *el español es un idioma muy importante en el mundo de hoy.*

A mi parecer *el español es un idioma muy importante en el mundo de hoy.*

Note that when a verb is used, *que* always follows it. However, in expressions such as *en mi opinión* and *a mi parecer*, the *que* is omitted.

– *María,* **me fastidia** *la clase de español.* **En mi opinión** *es muy aburrida.*

– **De ninguna manera**, *Esteban.* **Estás muy equivocado**. *Para mí, es la clase más divertida de todas.*

REPASO

Be prepared to answer oral questions about your school subjects. If you can, practise these with a friend or family member asking you the questions. Otherwise, prepare the answers and practise them out loud, maybe recording them if you can.

1 ¿Qué asignaturas estudias?

2 ¿Qué asignatura prefieres? ¿Por qué?

3 ¿Qué asignatura te gusta menos? ¿Por qué?

4 Describe a tu profesor favorito. ¿Por qué te gusta?

5 ¿Cuál es el profesor que menos te gusta? ¿Por qué?

6 ¿Qué opinas de la educación física/de las ciencias/del inglés/de las matemáticas etc.?

¿Qué estás haciendo?

OBJETIVOS

- Learn how to talk about things you are doing at the time of talking.

Profesora: ¿Qué están haciendo con tanto entusiasmo?

Rubén: Es que estamos preparando una sorpresa para Montse. Es su cumpleaños. Yo estoy colgando globos, Raúl está escribiendo una tarjeta y Julia está envolviendo el regalo. Estamos esperando a que venga después del recreo. ¿Está bien?

Profesora: Sí, ¡cómo no! Hacen bien. Deséenle un feliz cumpleaños de mi parte.

Rubén: Con mucho gusto.

ACTIVIDAD

Your mother telephones home to ask you and the rest of your family to start preparing supper. All the members of the family are engaged in 'very important activities' and none can be persuaded to help! Explain to your mother what each member of the family is doing that cannot be interrupted.

GRAMÁTICA

The present tense in Spanish can be used in two ways, for example *lee* can mean 'he reads' or 'he is reading'.

However, there exists another tense – the present continuous – which is used especially to convey the idea of something happening at the time of speaking/writing.

It is made up of a part of the present tense of the verb *estar*, and the present participle or gerund, which is formed by adding '–ando' to the stem of '–ar' verbs, and '–iendo' to that of '–er' and '–ir' verbs, for example *hablar → hablando, correr → corriendo, escribir → escribiendo*.

Note, however, that those '–ir' verbs which are radical changing will undergo a change in the stem vowel: 'o→u' *estoy durmiendo*, and 'e→i' *estoy pidiendo*.

Also, in '–er' and '–ir' verbs, where the stem of the infinitive ends in a vowel, for example *le(er), cre(er), hu(ir)*, the 'i' of the ending changes to 'y': *estoy leyendo, estoy creyendo, está huyendo*.

Finally, remember that pronouns go after the gerund, for example *estoy comiéndolo*, which may necessitate the addition of a written stress mark.

In 80–100 words, complete the following contextual dialogue.

You recently started at a new school. A friend, Sofía, from your old school, telephones to ask if you want to meet to catch up. In the dialogue that ensues, you:

i Greet each other

ii Provide information about your new school

iii Discuss three subjects you like and those you dislike, and why

iv Apologise and say something you **are doing** (present continuous tense) at the moment which will prevent you from meeting her

v Agree to meet another time

Suena el teléfono en tu casa.

YO: ....

SOFÍA: Hola. Soy Sofía. ¿Qué tal? ¿Cómo te va en el nuevo colegio?

YO: ....

SOFÍA: Qué bien que todo te vaya bien en el colegio. ¿Cómo es que estudias tantas asignaturas? ¿Once? ¡Debe ser muy difícil!

YO: Sí, es bastante difícil, pero algunas asignaturas son más difíciles que otras.

SOFÍA: Dime pues, ¿cuáles son las asignaturas que más te gustan, y por qué?

YO: ....

SOFÍA: Ésas tres. ¿Y las que menos te gustan?

YO: ....

SOFÍA: ¿Por qué no te gustan?

YO: ....

SOFÍA: Bueno, ¿estás libre? ¿Quieres que nos encontremos en el centro para tomar un café?

YO: ....

SOFÍA: No importa si no puedes ahora, la próxima vez será.

YO: ....

Imagina que eres agente de policía. Sigues a un delincuente mientras que comete un crimen. Hablas por teléfono en voz baja con la comisaría, y describes, en un mínimo de diez frases, lo que está haciendo el criminal en cada momento.

Por ejemplo: Está caminando por la calle principal, ...

Mi horario escolar

Es el primer día de escuela. El nuevo alumno, Carlos, quiere información sobre el día escolar.

Carlos: Buenos días, mi nombre es Carlos López Jiménez. Soy nuevo aquí. ¿A qué hora empiezan las clases?

Elena: Buenos días, Carlos, y bienvenido. Me llamo Elena. Las clases empiezan a las nueve de la mañana, pero antes tenemos asamblea a las nueve menos veinte. Hay que llegar antes de las ocho y media para estar cuando la profesora pase la lista.

Carlos: ¿Hay asamblea cada día?

Elena: No todos los días. A veces nos quedamos en la clase para hablar con la profe de nuestras opciones, o si hay problemas, para tratar de resolverlos.

Carlos: ¿Cuánto tiempo duran las clases?

Elena: Cada clase es de cuarenta minutos. Hay ocho clases al día, cinco por la mañana, y tres por la tarde. A las diez y veinte hay un recreo de veinte minutos. Comemos a la una menos veinte, y las clases empiezan otra vez a las dos. Terminamos a las cuatro.

Carlos: Una hora y veinte minutos, es mucho tiempo para comer, ¿no?

Elena: Bueno, es que hay reuniones de los clubes, y entrenamiento para los que son miembros de los equipos deportivos. Hay reuniones de los clubes a partir de las cuatro, y de vez en cuando hay partidos contra otros colegios.

Carlos: Me fascinan los deportes. Quiero ser atleta profesional y ganar mucho dinero, como Usain Bolt.

Elena: Ay, ¿y qué hora es? ¡Huy! Carlos, son las ocho y media ya. Hoy viene a nuestra escuela el gran atleta jamaicano, Usain Bolt. Va a hablar en la asamblea sobre la importancia de la disciplina. ¡Vámonos, chico!

Carlos: ¡Usain Bolt en la asamblea! ¡Qué chévere, voy corriendo!

GRAMÁTICA

Time

*¿Qué hora **es**?* What time **is it**?

***Es** la una./**Son** las dos.*

Look at the question and answer carefully. In the question, and when it is only **one** o'clock, the verb is in the singular, but any time after 'two o'clock' the verb in the answer becomes plural.

Beware of digital time and the 24-hour clock. Be careful to express the time correctly, for example 7.40 = *las ocho menos veinte/las siete cuarenta, 21.50 = las diez menos diez de la noche/las veintiún a cincuenta* (if using the 24-hour clock).

*¿**A** qué hora ...?* **At** what time ...?

*Las clases empiezan **a** las nueve.*

Don't confuse the question *¿Qué hora **es**?* with *¿**A** qué hora ...?* Make sure you answer both correctly.

Note the time expressions: *las nueve **de** la mañana/las dos **de** la tarde/las diez **de** la noche/las dos **de** la madrugada. **De la** mañana/tarde/noche/madrugada* is used when specifying an hour within a time of day.

***Por la** mañana/tarde/noche/madrugada* simply express the **general** time of day, for example *Hay cinco clases por la mañana.*

Radical-changing verbs

Las clases empiezan/comienzan

These verbs come from the infinitives *empezar* and *comenzar*. They belong to a group of verbs called radical-changing or stem-changing verbs.

When the stress falls on a certain vowel of the stem, that vowel changes: e→ie, o→ue (*dormir* and *volver* are two common verbs in this category), or u→ue (*jugar*).

This change mostly occurs in the present tense only, but do remember that radical-changing '-ir' verbs have a change in the present participle/gerund (see page 42), for example *durmiendo* and the third person singular of the preterite tense (see page 171), for example *sintió, sirvieron*. The imperfect subjunctive tense is formed from the third person of the preterite tense, so also changes (see page 181), for example *durmiera, sintiera, sirviera* etc.

REPASO

Make sure you can talk about the timings of your school day.

cuarenta y cinco **45**

El uniforme

- Learn to talk about your uniform, describe the colour and style of the clothes, and give your opinion of school uniform in general.

VOCABULARIO

la blusa – *blouse*

los calcetines – *socks*

la camisa – *shirt*

la camiseta – *T-shirt*

la corbata – *tie*

la falda – *skirt*

el pantalón – *trousers*

los zapatos deportivos – *trainers/sneakers*

el zapato – *shoe*

amarillo – *yellow*

azul – *blue*

blanco – *white*

marrón – *brown*

naranja – *orange*

negro – *black*

rojo – *red*

rosado – *pink*

verde – *green*

de cuadros – *checked*

de rayas – *striped*

corto – *short*

largo – *long*

Llega el director al patio.

Director: Luisa, tu falda es demasiado corta. Parece una minifalda.

Luisa: Es que, al lavarla, se encogió.

Director: Hmm, ¡no me digas! ¿Quizás tenga que escribirle una nota a tu madre?

Luisa: No, no hace falta, señor Director. Le bajaré el dobladillo a la falda, se lo prometo.

Director: ¿Es que no te gusta nuestro uniforme?

Luisa: Bueno, prefiero el del Colegio de San Fernando. Es más moderno. No me gusta la tela, ni el color azul de nuestro uniforme. Me gusta más la tela de cuadros del uniforme del Colegio de San Fernando, y el verde es muy bonito. Es más elegante y más de moda.

Director: Bueno, la moda siempre cambia. ¡A ver si el año que viene nuestro uniforme se pone a la moda!

Aquí estamos otra vez en el Centro Comercial con Radio Lucumí. Vamos a hacer otra investigación. Hablamos del uniforme escolar – a algunos les gusta, a otros no. Queremos saber qué opinas del uniforme escolar en general.

- Bueno, hablan en el colegio de abolir el uniforme por completo, pero no me apetece la idea porque el uniforme es símbolo del colegio, representa la identidad del colegio en la comunidad en que vivimos.

- Yo tampoco estoy de acuerdo. El uniforme es práctico y me da un sentido de identidad con mis compañeros de clase. Además es fácil, no hay que decidir qué ponerme por la mañana.

- Bueno, a mí no me gusta nada el uniforme. Me parece que me quita mi propia identidad. No está de moda. Y no lo encuentro práctico – eso de llevar una corbata cuando hace tanto calor, me parece tonto.

- Si pudiera, me gustaría diseñar un uniforme nuevo – sencillo, práctico y clásico.

ACTIVIDAD

In the sentences below, select the word or phrase which will make the sentence grammatically correct.

1 Mamá, ¿has visto mi corbata? No … encuentro.
   a lo b la c le d me

2 Me gusta el uniforme porque es muy …
   a práctico b práctica c practices d prácticas

3 El uniforme de mi colegio es horrible. Es de color …
   a naranjo b naranjas c naranjos d naranja

4 Las zapatillas están muy sucias. Parecen …, no blancas.
   a marronas b marrón c marrones d marrona

5 Los profesores son muy … en lo que se refiere al uniforme.
   a estricto b estricta c estrictos d estrictas

6 Yo … mi uniforme. Me encanta porque es muy cómodo.
   a gusto b prefiero c gusta d prefiere

REPASO

- ¿Cómo es tu uniforme escolar? ¿Qué llevas?
- ¿Qué te parece? ¿Te gusta, o no?
- En general, ¿estás a favor o en contra del uniforme escolar? ¿Por qué?
- ¿Cómo sería tu uniforme ideal?

Lo que quiero hacer

OBJETIVOS

• Learn how to talk about what you would like to do after you leave school.

ENLACE

For a full list of possible professions, see *Más vocabulario* page 57.

Profesora: Bueno, nunca vas a ser médico si no vas a clase.

Jorge: Ya no quiero ser médico.

Profesora: No importa. Los estudios son esenciales para cualquier profesión, sea piloto, deportista, veterinario, músico, vendedor o presidente. Los estudios te van a ayudar mucho en el futuro tanto en el trabajo como en el ocio.

GRAMÁTICA

When talking about the future, one option we have in Spanish, as in English, is to use ***ir a* + an infinitive** to say what we are **going to do**, which tends to refer to a more immediate future time.

*Nunca **vas a ser** médico.*

*Los estudios te **van a ayudar**.*

The infinitive is used in other expressions of time, as we met before (see page 31). Note also *para* + the infinitive, meaning 'in order to (do something)' – very useful in the context of future plans.

Other verb + infinitive constructions are also common in this context.

querer + infinitive – to wish/want to (do)

desear + infinitive – to wish to (do)

esperar + infinitive – to hope/expect to (do)

Finally, note that, when talking about professions with the verb *ser*, the article is dropped.

Nunca vas a ser médico.

Quiero ser enfermero.

Match each of these people, who talk about their interests and character strengths and weaknesses, with the profession best suited to them.

Choose from the following possible careers.

el/la abogado/a, el/la atleta, el/la auxiliar de vuelo, el/la camarero/a, el/la carnicero/a, el/la cocinero/a, el/la deportista, el/la diseñador(a), el/la ebanista, el carpintero, el/la enfermero/a, el/la granjero/a, el/la mecánico/a, el/la médico/a, el/la modelo, el/la músico/a, el/la peluquero/a, el/la piloto, el/la profesor(a), el/la secretario/a, el/la técnico/a, el/la vendedor(a), el/la veterinario/a

1 No quiero un trabajo aburrido. No me gusta mucho la rutina. Prefiero estar al aire libre.

2 Busco un trabajo bien pagado, con horas fijas. Me gusta mucho la informática.

3 Me interesa la gente. Me gustaría ayudar a la gente. Me fastidian las máquinas. Quiero trabajar con otras personas, no me gusta trabajar solo/a.

4 Busco un trabajo artístico. Soy bastante creativo/a y necesito libertad para expresarme.

5 Quisiera trabajar con el público. También me interesa la comida. Soy bastante ambicioso/a.

6 Quiero un trabajo científico. Me encanta la investigación académica. Soy bastante inteligente y muy trabajador/a.

7 Me encantan los niños. Soy muy paciente y responsable.

8 Busco un trabajo manual. Me interesan mucho los carros*.

9 No me gusta mucho la gente. Prefiero trabajar con los animales. Soy una persona muy solitaria.

10 Me gustaría trabajar en una oficina con otra gente. Me encanta la idea de trabajar en un equipo. Me interesan los idiomas.

el carro is the word for 'car' used most in Latin America. In Spain you would hear *el coche*.

ESTRATEGIAS

- Many of these topic areas are linked to others. For example, in the context of 'Home and family', you may be asked about your parents' or brothers' and sisters' jobs/careers, what their work is like, and what it entails.
- Much of what is relevant to your own career choices will be useful in that context. You simply have to be prepared to talk in the third person: *Mi padre/madre es ... Le gusta el trabajo porque le encanta estar en una oficina/al aire libre* etc.

REPASO

Ensure you can say what you would like to do in later life and why.

¿Quieres seguir con los estudios? ¿Qué quieres estudiar en la universidad?

¿En qué quieres trabajar en el futuro? ¿Por qué?

Solicitud de trabajo

- Learn how to complete a job application form.

Rellena el formulario.

Nombre(s) .... Apellidos ....

Dirección ....

....

Edad .... Fecha de nacimiento (día/mes/año) ....

Lugar (y país) de nacimiento ....

Estado civil (soltero/a) / casado/a / otro) ....

Nacionalidad .... No. de pasaporte ....

Lugar de expedición ....

Fecha de expedición .... Fecha de vencimiento ....

Posición solicitada ....

Educación (colegios y fechas)

....

....

....

....

Idiomas hablados ....

Cualificaciones (fechas y resultados)

....

....

....

Experiencia laboral

....

....

Cualidades

....

....

Otra información de interés

....

....

Referencias

....

....

....

....

You see the following jobs advertised. How would you complete the job application form, in order to make the best job application for one of these jobs?

The first sections of the form simply require factual information: your name, qualifications etc. The following sections, on your work experience, personal qualities and other interesting information are what will make you stand out from the other candidates.

For work experience, give the name of the company and dates, then write what you did, for example *Ayudé en la oficina con las tareas básicas, tuve que organizar la correspondencia, trabajar de recepcionista* etc.

When completing the personal qualities section, think about what the position requires, and how you can fulfil the requirements: *Soy trabajador(a), honesto/a, responsable, práctico/a, artístico/a, sociable, creativo/a, activo/a* etc.

SE BUSCA

Recepcionista para veterinarios
Sólo los sábados
Horario de 9 a 4
Escribir a: Martínez e Hijos,
Calle Montes, 76

SE NECESITAN

Jóvenes modelos para modista

Dos días de trabajo: el 3 y el 4 de mayo

Escribir con foto a: Modasur,

Calle Madrid, 201

SE BUSCAN

Ayudantes residentes para campamento de verano
Seis semanas de trabajo y placer al aire libre
en un lugar bello, tranquilo y verde de Portland
Durante los meses de julio y agosto
Muchos deportes y actividades todos los días
Con niños entre las edades de 4 a 12 años
Muchas horas de trabajo, incluso hasta tarde en la noche
Los ayudantes deben ser
honestos, flexibles, sinceros, amistosos
Experiencia con niños pequeños es útil pero no indispensable
Escribir a: Colegio Santa Isabel
Plaza San Fernando
O Llamar a Vicente Ruiz al 307 8990

¿TE INTERESAN LAS COMPUTADORAS?

Necesito un joven entusiasta
para ayudarme con la informática
Horas flexibles – unas 8 a la semana
Escribir a: Apartado 309,
Ciudad de Juanes

SE BUSCA

Joven trabajador

para ayudar a una pareja mayor con su jardín

Se valorará experiencia previa, aunque no es esencial

Escribir a: Los Suárez

Calle Trinidad, 24

SE NECESITAN CAMAREROS

para nuestro restaurante italiano muy popular
Jóvenes trabajadores, con buena presencia,
atentos al público

Turnos de las 10 a las 4, de las 4 a las 10
Escribir a: Mamma Mía,
Calle Presidencia, 44

REPASO

Use the following information to write an advertisement of about 80–100 words in Spanish.

Your grandmother needs some help at home. She asks you to write an advertisement. All of the details below must be included. (Remember, use the above as a guide, and use a mixture of complete sentences and separate phrases.)

i   The nature of the position

ii Where she lives

iii Hours to be worked

iv Type of work

v   How to apply

Mi futuro

Enrique: Sofía, mira este anuncio. Hay una conferencia en el Hotel Palacio, sobre 'El futuro para los jóvenes'.

Sofía: ¿Y de qué van a hablar?

Enrique: Pues, aquí está. Vamos a ver.

Gran Feria del Futuro

Para jóvenes de 15 a 18 años

Hotel Palacio, de las **9 a las 5**, **sábado 2 de abril**

¿Qué quieres hacer en la vida? ¿Qué te interesa?

¿QUIERES SEGUIR UNA CARRERA ACADÉMICA?
Entonces visita a nuestros representantes de muchos colegios y universidades.

¿TE APETECE VIAJAR?
Vienen varios agentes de viaje para hablar de las múltiples posibilidades.

¿BUSCAS TRABAJO?
Muchas empresas nacionales e internacionales, con otros negocios de la zona, montan puestos en nuestra Feria.

Ven a hablar con ellos de las posibilidades.

Enrique:	Vamos, es una buena oportunidad de ver lo que hay.
Sofía:	Mis padres quieren que vaya a la universidad, pero no me apetece. Quisiera trabajar y empezar a ganar dinero. Además los estudios cuestan bastante, y no te garantizan un empleo. El desempleo es un problema cada día mayor entre los jóvenes.
Enrique:	Hombre, ¡qué pesimista! A mí me gustaría seguir estudiando. La vida de estudiante es fenomenal. Tienes independencia. Estás con gente que tiene los mismos intereses que tú. Y estudias algo que de verdad te fascina. Eso me parece la mejor posibilidad.
Sofía:	Hoy en día tenemos que aprovechar todas las oportunidades. Mis abuelos, por ejemplo, se casaron a los dieciocho años. Mi padre nació un año después y ellos no pudieron hacer nada. Yo no quiero esas responsabilidades.
Enrique:	Pero, ¿no te parece una de las ventajas de ser mayor de edad? ¿De tener responsabilidad y más derecho de hacer lo que te guste? ¿De poder votar, por ejemplo, y así compartir la vida del país?
Sofía:	¡Huy! No, no me interesa la política. Lo que sí me importa es pasarlo bien.

ESTRATEGIAS

Now the present subjunctive is fresh in your mind, make up some sentences of your own which use this tense. Once you have practised it, it will become more familiar to you and you will feel comfortable using it. In this context, one of the most common sentences might start *Mis padres/profesores quieren que* ... You continue with the present subjunctive, expressing what they want you to do, for example *quieren que vaya .../haga .../ estudie .../trabaje en* ... etc.

You might continue by saying *Pero yo quiero hacer lo que me guste* (I want to do whatever I like).

GRAMÁTICA

Present subjunctive

In the dialogue above we see two examples of the present subjunctive.

1 *Mis padres quieren que vaya* ...

After any verb of wishing or wanting, hoping (also liking, ordering, advising, allowing or causing, preventing or avoiding) when the subject of the second verb is different from the subject of the first, the second verb has to be in the subjunctive.

For example: *Mis padres me aconsejan que busque un trabajo. Esperan que consiga algo en la ingeniería. No permiten que me quede en casa.*

2 *... tener derecho de hacer lo que te guste*

The indefinite nature of 'whatever it is' that you may like, is what necessitates the subjunctive here.

For example: *Busco un trabajo que me interese* (any job that may interest me, whatever it may be), *Haz lo que quieras* (Do whatever you want).

ENLACE

For full notes on the formation of the subjunctive, see page 181.

REPASO

Be prepared to answer the following types of question.

1 ¿Prefieres seguir estudiando, o buscar un empleo? ¿Por qué?

2 ¿Hay un problema de desempleo en tu país?

3 ¿Qué quieren tus padres que hagas en el futuro?

Hablando de mi colegio y mis planes

- Learn to read, write and talk at length about school and career.

Read the following passage carefully, all the way through, for general comprehension purposes. There are some questions which may help you to focus on certain aspects of the passage. Much of what you read here will be useful to you in talking about your own school experience. The material in this Unit and the vocabulary section which follows should provide you with good revision material for some of the 'School and Career' topic area.

A mi hermana menor, que tiene once años, no le gusta asistir al colegio. Puedo oírla ahora mismo. Está gritando. Le dice a mamá que no quiere ir. Yo no entiendo por qué. Su colegio es muy bonito, bastante pequeño, situado en una zona verde de la ciudad, con un parque al lado, adonde van los estudiantes de vez en cuando a practicar deportes. Me parece que los profesores son muy simpáticos. Me encanta su profesora de historia, que es una mujer a quien le fascina su asignatura y por consiguiente, la enseña muy bien. Pero mi hermana dice que es demasiado estricta, que les da muchos deberes, y que no deja que hablen en clase.

Otra cosa es que ella no se lleva bien con los otros alumnos. Su mejor amiga se mudó de casa hace un mes y mi hermana dice que no se entiende bien con los demás de su clase. Es una lástima porque a mí me encanta mi colegio. Lo paso bien ahí. Estoy con mis amigos. Los profesores son simpáticos, las clases son divertidas y si estudiamos bien no hay problemas. Además es un colegio muy moderno, con nuevas instalaciones. En cada aula hay una computadora y los profesores
la usan a veces para presentar nueva materia.

También en la biblioteca tenemos acceso a internet, que nos ayuda mucho con los estudios. No permiten que lo usemos para charlar con los amigos, pero no me extraña porque pierdo mucho tiempo charlando por internet.

Mi clase preferida es la de teatro. Este trimestre produciremos 'High School Musical'. Cantamos, bailamos y nos divertimos enormemente.

Le voy a sugerir a mi hermana que tome parte en algo en su colegio. Así hay más posibilidades de hacer amigos y mejorar su experiencia escolar en general. Siento mucho que no le guste el colegio. Mis abuelos dicen que ésta es la mejor época de su vida y que es una lástima que no la aproveche.

En el futuro quisiera seguir una carrera en el teatro. Me encanta todo lo que tiene que ver con el drama. Creo que soy bastante extrovertida y tengo mucha confianza. Mis padres dicen que hay que tener mucha paciencia para tener éxito. Hay muchos que quieren ser actor o actriz. Pero yo creo que, cualquiera que sea la profesión, hay que trabajar mucho, esperar y tener paciencia hasta que consigas el éxito.

1 What is the younger sister doing that shows she doesn't like school?
2 Name three things that the older sister likes about the younger sister's school.
3 What three things doesn't the younger sister like about the history teacher?
4 Where do her friendship problems stem from?
5 What is the older sister's school like?
6 Name two ways in which computers are used.
7 What is not allowed?
8 How could the younger sister improve her school experience, according to her older sister?
9 What two qualities does the older sister have that are good for her chosen career path?
10 What do her parents think about this?

2.14 Más vocabulario

El colegio y sus instalaciones

(see page 34)

el aula – *hall, classroom*

la biblioteca – *library*

la cafetería – *canteen*

la cancha – *(sports) pitch, court*

la clase – *class*

el colegio femenino/colegio de niñas – *girls' school*

el colegio masculino/colegio de niños – *boys' school*

el colegio mixto – *mixed school*

los deberes/las tareas – *homework*

el ejercicio – *exercise*

el escenario – *stage*

los estudios – *studies*

el examen – *exam*

el gimnasio – *gymnasium*

las instalaciones deportivas – *sports facilities*

el laboratorio – *laboratory*

las oficinas – *offices*

el patio – *school yard*

la piscina – *swimming pool*

la pizarra/el tablero – *white/blackboard*

la prueba – *test*

el pupitre – *desk*

la recepción – *reception*

el recreo – *breaktime, recess*

la sala de clase/el salón de clase – *classroom*

el trimestre – *(school) term*

los vestuarios/el vestier – *changing rooms*

Connectives

(see page 35)

a propósito – *by the way*

además – *besides, moreover*

así que, por consiguiente, por consecuencia – *therefore*

aunque – *although*

de esta manera – *in this way, thus*

desde luego, por supuesto – *of course*

en cambio – *on the other hand*

igualmente – *likewise*

luego, entonces, después – *then, after*

mientras (que) – *while*

por cierto – *certainly*

por ejemplo – *for example*

por eso – *thus*

por fin – *finally*

por lo demás – *as far as the rest is concerned*

por lo menos – *at least*

por lo tanto – *therefore*

por si acaso – *in case*

sin embargo – *however*

también – *also*

Las asignaturas

(see page 38)

el alemán – *German*

el arte – *art*

la biología – *biology*

las ciencias – *sciences*

el teatro – *drama*

la educación física – *PE*

el español – *Spanish*

la física – *physics*

el francés – *French*

la geografía – *geography*

la gimnasia – *gym*

la historia – *history*

los idiomas – *languages*

la informática – *computing, IT*

el inglés – *English*

el italiano – *Italian*

el latín – *Latin*

la literatura – *literature*

las matemáticas – *maths*

la música – *music*

la química – *chemistry*

los trabajos manuales – *handicraft*

Adjetivos relacionados con el colegio

(see page 40)

aburrido – *boring*

antiguo – *old, former*

ausente – *absent*

autorizado – *permitted*

calificado – *qualified*

católico – *Catholic*

correcto – *correct*

estricto – *strict*

exigente – *demanding (of persons)*

fácil – *easy*

incorrecto – *incorrect*

injusto – *unfair*

lógico – *logical*

mixto – *mixed*

necesario – *necessary*

obligatorio – *obligatory*

particular – *private*

presente – *present*

público – *public*

severo – *severe*

Útiles para el colegio

el bolígrafo – *ballpoint pen*

la calculadora – *calculator*

la computadora/el ordenador – *computer*

el cuaderno – *exercise book*

el diccionario – *dictionary*

la goma/el borrador – *eraser*

la hoja (de papel) – *sheet (of paper)*

el lápiz – *pencil*

el libro – *book*

el libro de texto – *textbook*

la regla – *ruler*

el rotulador/el marcador – *felt tip pen*

el sacapuntas – *pencil sharpener*

Las profesiones

(see page 48)

el/la abogado/a – *lawyer*

el actor – *actor*

la actriz – *actress*

el/la aduanero/a – *customs officer*

el/la agente – *agent*

el albañil – *stonemason*

el ama de casa (f) – *housewife*

el/la arquitecto/a – *architect*

el/la atleta – *athlete*

el/la auxiliar de vuelo – *flight attendant*

el barbero – *barber*

el basurero – *garbage collector*

el/la bombero/a – *firefighter*

el/la camarero/a – *waiter/waitress*

el/la camionero/a – *lorry driver*

el/la cantante – *singer*

el/la carnicero/a – *butcher*

el chófer – *driver*

el/la científico/a – *scientist*

el/la cocinero/a – *cook/chef*

el/la conductor(a) – *driver*

el cura – *priest*

el/la dentista – *dentist*

el/la deportista – *sportsperson*

el/la diseñador(a) – *fashion designer*

el/la doctor(a) – *doctor*

el/la ebanista/el carpintero – *carpenter*

el electricista – *electrician*

el/la enfermero/a – *nurse*

el/la escritor(a) – *writer*

el/la farmacéutico/a – *pharmacist*

el/la florista – *florist*

el frutero – *fruit seller*

el/la garajista – *garage attendant (used in Spain)*

el/la granjero/a – *farmer*

el/la guardia – *policeman/woman*

el/la guía – *guide*

el hombre de negocios – *businessman*

el/la ingeniero/a – *engineer*

el jardinero – *gardener*

el/la juez – *judge*

el lustrabotas/el embolador – *shoeshine person*

el/la maestro/a – *teacher (primary school)*

el marinero – *sailor*

el/la mecánico/a – *mechanic*

el/la médico/a – *doctor*

el/la modelo – *model*

la mujer de negocios – *businesswoman*

el/la músico/a – *musician*

el obrero – *workman*

el panadero – *baker*

el/la peluquero/a – *hairdresser*

el periodista – *journalist*

el pescador – *fisherman*

el/la piloto – *pilot*

el/la pintor(a) – *painter*

el plomero – *plumber*

el/la policía – *policeman/woman*

el/la presidente – *president*

el/la profesor(a) – *teacher (secondary school)*

el químico – *chemist*

el/la recepcionista – *receptionist*

el sastre – *tailor*

el/la secretario/a – *secretary*

el soldado – *soldier*

el/la técnico/a – *technician*

el/la vendedor(a) – *salesperson*

el/la veterinario/a – *vet*

Here are more practice papers, which focus specifically on the topic we have just covered, namely 'School and Career'.

Part A – Listening comprehension
Section I

For each question you will hear a single sentence. Choose from the relevant four pictures the one which **best** shows what the sentence says.

Ask a friend or family member to read these out loud for you if possible.

1 A las dos hay clase de química.

1 a   b c d

2 Me encanta la informática.

2 a   b   c   d

3 El profesor es muy severo.

3 a   b   c   d

4 El francés es difícil.

4 a Bonjour b Buongiorno c   d Hello

5 Mi asignatura preferida es la historia.

5 a   b 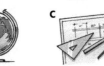 c   d

6 ¿Te gusta la educación física?

6 a   b   c d

(6 marks)

ESTRATEGIAS

In Paper 2, Letter writing, remember that, whichever letter you choose to write, it should be written in the formal register. Use *Ud.* as the subject pronoun, and third person verbs and object pronouns when addressing people directly, as 'you'.

Section II – Letter

Using one of the following outlines as a guide, write in Spanish a letter of 130–150 words, and no more. Use the tense or tenses appropriate to the topic you have chosen.*

Choose either:

You have just moved house and started a new school. You write a letter to your old teachers telling them about your new school. Include:

i the location of the school
ii the facilities
iii the subjects you study and what you think of them
iv something that is different from your old school

Or:

You see a job advertised that appears to be **the** job for you. You write a letter of application. Include:

i your personal details, name, age etc.

ii details of your studies

iii details of any relevant work experience

iv details of your personal qualities that show how well you are suited to the job

*To help you with letter writing, the following are models for both formal and informal styles. Note, the letters above will require the formal register.

Formal letter example

Estimados señores (+ name if you know it)/*Muy señores míos:*

Les escribo con referencia a su anuncio en el periódico/para solicitar el puesto anunciado/para ponerme en contacto con ustedes.

Me presento – me llamo ..., tengo ... años, soy un(a) chico/a ..., y ...

Actualmente estudio en el colegio ... Estudio ... asignaturas, que son ... Mis asignaturas preferidas son ... porque ...

El año pasado trabajé en ... (+ detalles del trabajo que hacías) ...

Me gustaría hacer ... porque soy .../me interesa especialmente ...

En espera de su respuesta, le saluda atentamente ...

Informal letter example

Querido/a/os/as ...:

¿Qué tal? Estamos todos bien. Te/Les escribo para contarte/ contarles de ... (mis vacaciones/ mi colegio/la familia etc.)

Un abrazo fuerte/Besos de ...

(Total 30 marks)

Paper 3

Oral – Reading passage

Read the following aloud.

El sistema es un proyecto educativo de Venezuela que anima a los jóvenes venezolanos a aprender a tocar un instrumento musical.

Empiezan desde la edad de dos años en algunas instancias. Los jóvenes vienen de todas las regiones y clases sociales. Todos tienen la oportunidad de asistir a clase. Los maestros son expertos entusiastas, a quienes les encanta propagar su arte.

Los mejores músicos forman parte de la famosa orquesta Simón Bolívar, que tiene fama internacional. Las entradas para sus conciertos se agotan en minutos.

Dicen que todos sus integrantes tienen mucho entusiasmo y una gran pasión por la música evidente al público. Además son muy buenos embajadores de su país, y, hoy en día, presentan una imagen muy positiva de los venezolanos por todo el mundo.

125 words   *(Total 10 marks – awarded on the basis of pronunciation, fluency and intonation)*

3 Mi rutina diaria

3.1　Mi rutina diaria

OBJETIVOS

- Learn how to express what you do routinely each day.

Mateo encuentra a su amigo Juan descansando en la acesa.

Mateo:　Hola Juan, ¿cómo te va? Te veo un poco triste.

Juan:　Sí, es verdad. ¡Qué vida más aburrida! ¡Todo es previsible! No hay nada nuevo, nada original. Me despierto, me levanto, me ducho y me visto. Desayuno, salgo, vuelvo, ceno y me acuesto. Cada día es igual, ¿no te parece?

Mateo:　Hombre, no me parece así. Cada mañana me despierto muy temprano, al amanecer, porque me encanta la mañana, y me levanto en seguida. No me gusta perder el tiempo durmiendo. Me ducho y me visto rápidamente, y luego desayuno con la familia a las siete, más o menos. Después de desayunar, me cepillo los dientes y me preparo para el colegio. Siempre salgo antes de las siete y media porque a esa hora no hay tanto tráfico. Voy en bici al colegio porque me ayuda a mantenerme en forma. Llego a las ocho y voy directamente a la piscina para entrenarme una media hora antes de las clases. Las clases empiezan a las nueve y terminan a las diez y media. Hay media hora de recreo y descanso un rato a la sombra de mi árbol preferido y como un sándwich.

Juan:　Hombre …

Mateo:　A las once vuelvo a clase hasta las doce y media. Suelo comer a la una con mis amigos y si me queda tiempo voy a la biblioteca para hacer las tareas, para no tener que hacerlas más tarde. Tenemos clases de las dos hasta las cuatro y veinte de la tarde. A veces hay partidos, pero normalmente voy al parque a jugar al fútbol con mis amigos. Terminamos de jugar cuando se pone el sol. Todos los lunes tengo clase de guitarra a las seis de la tarde pero los otros días tengo que tocar la guitarra al menos media hora al día. Al volver a casa ayudo a mis padres a preparar la cena y comemos juntos. A menudo charlamos, pero si no, vemos la televisión. Después me acuesto a las diez y media. Nunca me aburro. Hay demasiadas casas para hacer.

Juan:　Hombre, me cansas hablando de todo esto. Ya basta.

Reflexive verbs

Many of the verbs we use to express our daily routine are 'reflexive' verbs, that is they require a reflexive pronoun to be used with the verb in its normal form. The pronoun can be found at the end of the infinitive, for example *despertarse*, but comes before the verb when conjugated, that is, when it is used with a subject to express what one or more people do, for example *me despierto* – which can be translated as 'I wake (myself) up'. For further information on reflexive verbs, see Verb tables, page 175.

Note: *yo* = I, *me* = myself (in this context) Try not to get confused with the English words!

Soler + infinitive

Suelo comer a la una. Soler (+ infinitive) can be translated as 'to be accustomed to (doing)'. Note that it is radical-changing (see pages 170–171).

Verbs that take prepositions

Certain verbs require certain prepositions after them when followed by the infinitive, for example *terminar de ..., empezar a ..., ayudar a ...*

Empieza a llover. Ayudo a mi madre a preparar la cena.

Mira la agenda de Rihanna.

lunes	viernes
Me despierto tarde y me levanto para comer. Me relajo mucho.	*Concierto a las 8.* *Me levanto temprano, me visto para el concierto. Me acuesto tarde.*
martes *Me entreno con mi entrenador personal.*	**sábado** *Concierto a las 8.* *Me levanto tarde y me relajo durante el día.*
miércoles *Me levanto temprano para ir a mis ensayos en los estudios.*	**domingo** *Me aburro un poco los días después de los conciertos. No puedo relajarme tanto.*
jueves *Me relajo todo el día.*	

Imagina que vas a completar tu agenda. ¿Cómo es tu rutina normal? Escribe dos o tres frases cada día. Compara tu agenda con la de Rihanna.

lunes	viernes
martes	**sábado**
miércoles	**domingo**
jueves	

OBJETIVOS

• Learn how to talk about when, how often and why one does things.

Raúl habla de su hermana y de sí mismo.

Mi hermana es una deportista de tiempo completo. Le encanta el atletismo y se entrena diariamente dos horas: una hora por la mañana y una hora por la tarde. Se dedica a mantenerse en forma porque la condición física es muy importante para competir con los jóvenes de su edad. Algunos sólo se entrenan los fines de semana y dos o tres veces entre semana porque no lo toman tan en serio.

Yo no hago mucho. De vez en cuando corro en el parque pero me gusta más relajarme que esforzarme. De lunes a viernes me levanto muy temprano porque tengo un trabajo. Vendo periódicos en la esquina de mi cuadra antes de ir al colegio. Tengo que acostarme temprano también, igual que mi hermana. Nos dormimos en seguida todas las noches porque estamos muy cansados. Los fines de semana no me levanto hasta el mediodía. ¡Necesito descansar!

ACTIVIDAD

Prepare answers to the following. Try and use a time phrase or an adverb of frequency, and give a reason where applicable.

• ¿A qué hora te despiertas los lunes/sábados etc.?
• ¿A qué hora te levantas entre semana/los fines de semana/los domingos/cuando estás de vacaciones?
• ¿Prefieres levantarte temprano o tarde? ¿Por qué?
• ¿A qué hora sueles desayunar?
• ¿Qué desayunas? ¿Con quién?
• ¿Qué haces para prepararte para el colegio?
• ¿A qué hora sales de casa?
• ¿Cómo vas al colegio?
• ¿A qué hora empiezan las clases?
• ¿A qué hora es el recreo?
• ¿Qué sueles hacer durante el recreo?
• ¿A qué hora almuerzas? ¿Dónde? ¿Y qué sueles comer?
• ¿A qué hora terminan las clases?

GRAMÁTICA

Note that there is a difference between *porque* ('because') followed by a clause, and *a causa de* ('because of') followed by a noun.

For example: *Me entreno cada día porque me gusta estar en forma.*

Me entreno a causa de la necesidad de estar en forma.

- ¿A qué hora regresas del colegio?
- ¿Vas directamente a casa después de las clases?
- Si no, ¿qué haces de camino a casa?
- ¿Qué haces al llegar a casa?
- ¿Cuándo y dónde haces los deberes/las tareas?
- ¿Qué haces para ayudar en casa?
- ¿Qué haces por la noche?
- ¿Cuántas horas al día pasas viendo la televisión?
- ¿Cuánto tiempo pasas hablando con los amigos?
- ¿Qué haces en la computadora?
- ¿A qué hora te acuestas los días que tienes que ir a la escuela? ¿A qué hora te acuestas los fines de semana?
- ¿Te duermes en seguida?

ACTIVIDAD

"¿Eres religiosa? ¿Vas a la iglesia?"

Paula contesta por correo electrónico a estas preguntas de su correspondiente.

Voy a la iglesia todos los domingos. Mi papá canta en el coro y él va dos o tres veces a la semana para ensayar con el coro. Mi mamá va de vez en cuando, si tiene tiempo, pero reza un rato todos los días. Mi hermano nunca va. Él dice que basta con respetar a los demás y ya está. ¡Yo creo que prefiere quedarse en la cama los domingos por la mañana!

En nuestro país hay varias religiones: la católica, la anglicana, la metodista, los testigos de Jehová, la pentecostal, y la judía. En la capital hay una catedral muy bonita y bastante antigua.

1 What shows us whether Paula is religious or not?
2 Are her parents religious? Justify your response.
3 What do we know about her brother's feelings towards the church?
4 What is Paula's opinion?
5 List the different denominations represented in her country.
6 How would you respond, in Spanish, to the penfriend's questions?

VOCABULARIO

rezar – *to pray*

ESTRATEGIAS

It is really important to be able to make your spoken and written Spanish interesting to the listener/reader. The use of adverbs of frequency, time expressions and reasons will considerably enhance what you say/write. For example: *Hablamos dos o tres veces al día porque tengo mucho que discutir.*

REPASO

Read the dialogue on page 60 and list all words and phrases used to express time: those which say when, how often and why activities are/are not carried out.

Lo que hice ayer

Dos amigas se encuentran de camino al colegio un lunes por la mañana.

Mercedes: Hola, Luisa. ¿Cómo estás? ¿Qué tal el fin de semana?

Luisa: Hola, Mercedes. ¿Qué hay? Sí, muy bien, gracias, lo pasé fenomenal. Mis padres fueron a visitar a mis abuelos en el campo, y nos dejaron a mí y a mi hermano mayor solos en casa.

Mercedes: ¡Huy! ¡Qué suerte!

Luisa: Sí, lo pasamos muy bien sin ellos. El sábado dormí hasta el mediodía. De hecho, no me desperté hasta la una. Luego me levanté pero no me vestí. Pasé toda la tarde en pijama. Vi un poco la televisión, jugué en la computadora, me conecté a la red y compré entradas para el partido de baloncesto de este miércoles. ¿Quieres venir?

Mercedes: Sí, gracias, ¡qué buena amiga eres! Dime cuánto te debo. Pero, luego, ¿qué más hiciste?

Luisa: Bueno, decidimos llamar a algunos amigos, para invitarlos a venir a casa y pasar un rato con nosotros. Escuchamos música, preparamos algo para cenar y luego jugamos a videojuegos toda la noche. Algunos se quedaron a dormir, y no nos acostamos hasta las tres de la madrugada. Claro, nos despertamos tarde otra vez. Lo malo fue que la casa era un desastre. Yo tuve que limpiar la casa y arreglarlo todo. Pasé más de una hora limpiando la cocina. Mis padres volvieron a las cinco y no sospecharon nada. ¡Qué alivio sentimos mi hermano y yo!

Mercedes: Ya me lo imagino.

GRAMÁTICA

In the above account, Luisa relates what happened one weekend, using verbs in the preterite or simple past tense, which describes single, completed actions in the past, or something which occurred over a definite time period, for example *algunos se quedaron a dormir, pasé más de una hora limpiando la cocina.*

To make the preterite tense, for most verbs you simply add endings to the stem of the infinitive. There are, however, a group of verbs which are irregular in the preterite tense, but these tend to be those which are more commonly used and therefore repeated use should help in remembering them, for example *yo estuve (estar), yo fui (ser* and *ir,* which share the same irregular form). Others include *me puse (ponerse) los zapatos, hice (hacer) las tareas, vinieron (venir) mis primos.*

ENLACE

For regular verb endings in the preterite tense, and for a full list of those verbs which are irregular in the preterite tense, see Verb tables, pages 168 and 172–174.

Lo malo *fue que* ... The bad thing was that ...

Lo malo fue que la casa era un desastre.

Lo malo fue que me desperté tarde y perdí el autobús.

Notice how an adjective can be made into a noun, using the neuter article *lo*. Most often we see this with judgements, for example *lo bueno/lo malo, lo mejor/lo peor, lo interesante/lo importante/lo curioso* etc.

Lo bueno es que no tengo que ir a la escuela hoy porque es día de fiesta y no hay clases.

Para no ser gordo, lo importante es no comer muy tarde en la noche.

Pablo is writing an email to his grandparents to tell them how he will be spending his holidays. Using this information, write the postcard he sends home, **after** he has done everything.

Hola abuelos:

Mañana me voy de vacaciones. Vamos a ir a la costa con los amigos, y viajaremos en tren y autobús. Vamos a hacer camping, pero no tendremos que llevar una tienda, porque en el camping van a proveerla. Vamos a bañarnos en el mar y jugaremos al fútbol en la playa. Comeremos en los restaurantes del pueblo porque no queremos cocinar. Voy a volver el sábado que viene. Vamos a pasarlo muy bien.

Abrazos de su nieto

Pablo

The preterite tense
Note

1 Spelling changes are needed with those verbs whose infinitive stem ends in –c, –z and –g, for example *sacar – saqué, empezar – empecé, jugar – jugué*.

2 There are no written accents on irregular preterite tense forms, for example *estar – estuve, saber – supe, venir – vine*.

3 It is important to learn the preterite tense, as its stem is used as a base for other tenses.

4 Remember those time expressions which situate actions in the past. See below for a list.

The following are indicators of time in the past.

anoche – *last night*

ayer – *yesterday*

el lunes pasado – *last Monday (etc.)*

la semana pasada – *last week*

hace dos meses – *two months ago*

It depends on the context as to whether the following refer to the past or not.

al día siguiente – *on the following day*

Al día siguiente, Pablo volvió a la tienda y les devolvió la camisa manchada.

But: *Al día siguiente, Pablo irá al hospital a visitar a su abuela.*

esta mañana/tarde – *this morning/afternoon: esta mañana fui/voy/iré a la iglesia.*

Lo que hacía

- Learn how to describe how things used to be, or to say what was happening at a given time in the past.

Ángela está en casa de su abuela. Encuentran unas fotos de cuando la abuela era niña.

Ángela: Abuelita, ¿qué es esto?

Abuela: A ver, pues es una foto de mi clase en el colegio del año mil novecientos cincuenta, cuando tenía unos quince años, igual que tú ahora. Asistí a ese colegio hasta que tuve los dieciséis años.

Ángela: ¿Quién es esta mujer? ¿La profesora?

Abuela: Sí, era muy estricta, pero muy justa y nos ayudaba mucho si no comprendíamos algo. Las clases eran más pequeñas. Bueno, todo era más pequeño. Sólo había como doscientos habitantes en el pueblo. Nos conocíamos todos.

Mira esa chica, era la más inteligente de la clase. Siempre sacaba las mejores notas, y ahora es la alcaldesa del pueblo vecino. Y ese chico, ¿lo reconoces? Es tu abuelo. Mira, no tenía canas en esos días, ni andaba con bastón.

Ángela: ¿Eran novios desde esa época?

Abuela: Sí, pero sólo nos veíamos de vez en cuando fuera del colegio. Nuestros padres no lo permitían. Y nosotros respetábamos lo que decían. Era guapo, ¿no?

Ángela: Sí, abuelita, muy guapo.

The grandmother recalls her past and in doing so uses the imperfect tense to describe how things were.

The tense is formed, again, by adding endings to the stem of the infinitive. There are three irregular verbs (*ser*, *ir* and *ver*). See the Verb tables on page 168 for full details of the imperfect tense's formation. See pages 172–174 for verbs which are irregular in the imperfect tense.

Apart from saying what used to happen, it can be used for description in the past, for example *En la aldea de Valdepeña hacía calor y todo parecía muy tranquilo*, and for saying what was happening when something else occurred, for example *Llovía cuando salí de casa*.

Preterite or imperfect? Generally speaking, if you can answer the question 'what happened?' the tense to use is the preterite. Otherwise, use the imperfect.

Note, the imperfect is used to express the time. *Eran las once.*

ACTIVIDAD

The ability to use the past tenses correctly is very important. The following contextual dialogue will give you a chance for practice.

You meet an old friend of the family in the street, whom you haven't seen for a long time. Using 80–100 words, complete this dialogue, making sure to include the following:

i Greetings

ii Recent news about something that happened to one member of the family

iii How the rest of the family was as a consequence

iv Invitation to the friend to visit

v Farewells

YO: ....

AMIGO: ¡Qué bien! ¡Cuánto tiempo sin verte! ¿Qué tal la familia?

YO: ....

AMIGO: ¿Y cómo se sintió el resto de la familia después de eso?

YO: ....

AMIGO: Bueno, me gustaría ver a tu familia un día de éstos.

YO: ....

AMIGO: Con mucho gusto, les llamaré antes.

YO: ....

AMIGO: Sí, espero que nos veamos pronto. Aquí tienes mi número de teléfono. Hasta luego.

YO: ....

La tecnología

- Learn how to talk about new technology.

La tecnología es una parte fundamental de nuestra vida hoy en día. ¿Estás a favor o en contra?

¿Cuáles son las nuevas tecnologías?

¿Para qué las usas?

¿Cuánto tiempo pasas navegando en internet cada día?

ESTRATEGIAS

It is always important to conform to the rubric. Answer what is required of you and make sure you include all the details requested. Keep to the word count, or 'one sentence only' rule if applicable.

El internet para los deberes, las investigaciones, reservar hoteles, comprar entradas o boletos de viaje, información meteorológica, noticias importantes, mantenerse en contacto por correo electrónico o vídeollamadas, hacer compras

El GPS para facilitar la navegación

Los celulares para hacer y recibir llamadas telefónicas dondequiera y cuandoquiera, en caso de emergencia, nos alertan sobre problemas de tráfico u otras cosas, nos recuerdan fechas importantes u otras cosas que tenemos que hacer, como citas con el médico o el dentista

Beneficios Nos facilitan la vida

Desventajas El fraude, el robo de identidad, las estafas, las identidades falsas de gente poco confiable que pueden llevar a situaciones peligrosas, los celulares pueden molestar en algunas situaciones, la dependencia

¿Dependes tú demasiado del móvil o del internet? ¿Qué pasa cuando tu celular está descargado? ¿O no funciona, o si hay problemas con la conexión de internet?

Respond to the situations below as indicated.

1 The battery on your cell phone is dead. You ask to borrow a friend's phone, to tell your parents.

  a What do you tell your parents?

  b What do they tell you?

2 Your teacher asked you to do some internet research as a homework assignment, but the connection failed and you were unable to do it.

  a What do you tell your teacher?

  b What does the teacher ask you to do?

3 Your father's GPS is not working. He asks you to take it to the shop where he bought it.

  a What do you tell the assistant?

  b What does the assistant respond?

4 You have no more credit on your cell phone, but you need to call home. You ask to use a friend's phone.

  a What do you say to your friend?

  b What does your friend reply?

5 Your brother asks you to find out about what is on at the cinema via the internet, but the connection is very slow.

  a What do you tell him?

  b What does he suggest?

Use the following information to write an announcement of about 80–100 words in Spanish.

You have lost your cell phone at school. You put an announcement on the notice board, giving the following information. All the details indicated below must be included in the announcement.

i Aim of the announcement

ii Details of the lost phone, make and model, colour and any other description (for example age, condition)

iii When and where it was lost

iv Why it is so important to you

v Contact information

Love it or hate it? We all have strong opinions about our favourite gadgets. Be prepared to give your opinions about the following issues ...

1 ¿Debería estar prohibido el uso de la nueva tecnología en clase – el celular y la computadora portátil? ¿Ayuda o distrae?

2 ¿Cuál es la nueva tecnología que más te gusta? ¿Por qué es tan importante para ti?

3 ¿Qué opinas de las redes sociales?

Write two lists – *los beneficios y los inconvenientes de la nueva tecnología*. They will be useful to you when it comes to revising the topic.

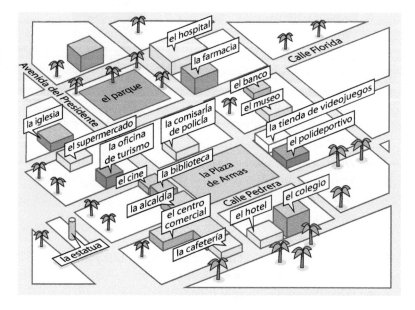

La familia de Joaquín está de visita en la ciudad, pero todos quisieron hacer cosas distintas y se separaron. Ahora Joaquín llama por el celular a todos los miembros de su familia para saber dónde están.

Según la descripción de su situación, identifica dónde se encuentra cada persona.

Joaquín: Hola. Soy Joaquín. ¿Dónde estás?

Mamá: Estoy en la Calle Florida, en el supermercado que está enfrente de la iglesia.

Papá: Yo quise visitar la iglesia pero estaba cerrada. Así que decidí ir a la biblioteca para ver si tenían algún libro sobre la historia de la iglesia. Está en la Avenida Presidente, cerca de la estatua de Simón Bolívar, entre la alcaldía y el cine. No está lejos de la Plaza de Armas.

Abuelo: Estoy en el museo, en el barrio histórico. Estoy en el primer piso, en una galería donde hay una exhibición de culturas indígenas. Es muy interesante. Vale la pena verla.

Tía Juanita: Fui a ver a mi amiga en el hospital, luego tuve que comprarle algo en la farmacia. Pero ahora voy a dar un paseo en el parque. Necesito estar al aire libre.

Javier, el hermano:

> Ven a verme. Estoy en la tienda de videojuegos a la izquierda del polideportivo. Tienen unos juegos súper divertidos.

Marta, la hermana:

> Me encontré con mi amiga Sara, y estamos tomando algo en la Cafetería Golosa, al final de la Avenida Presidente, a mano izquierda. Estamos afuera, en la terraza.

Raquel, la otra hermana:

> Fui a buscar un plano de la ciudad y otra información en la oficina de turismo, y todavía estoy adentro, mirando los folletos turísticos que tienen. ¿Dónde estás tú?

Joaquín: Bueno, perdí mi billetera y estoy en la comisaría de policía. Estoy llamándoles a todos ustedes para saber quién está más cerca de la comisaría, para prestarme dinero.

En tu opinión, ¿quién está más cerca y quién le puede prestar dinero?

¿SABÍAS QUE ...?

Many Hispanic colonial cities are organised in a strict grid format, with streets running parallel to each other and across each other, with one central plaza and, if the city is big enough, four 'satellite' plazas a few blocks out from the corners of the main square. This format was laid down in the Laws of the Indies, which date back to 1573.

ACTIVIDAD

Directed situations

Write, in no more than one sentence, the information required for each situation.

1 You wish to meet friends in town after school. Write the email you send to them suggesting where to meet.

2 Your mother wants you to collect a book for her at the library. She leaves a note explaining where the library is, in relation to other places in the town. What does the note say?

3 A relative who is coming to visit your town writes to ask you to recommend some places to visit while he is there. Write a reply to him.

4 You are going to meet a friend in town. You suggest a cafeteria near the bus station, which is convenient for you both. Write a note to explain this.

ENLACE

For all the vocabulary relating to the places in a town, see *Más vocabulario*, page 78.

REPASO

A Spanish family has just come to live in your town. Describe the location of some of the most important places to the family.

• Learn how to give directions around a town.

ESTRATEGIAS

Remember, we have already mentioned how, when addressing someone directly, it is important to use the correct register, *tú* or *usted*. In the case of giving directions, assuming you do not know the person to whom you are talking, *tú* should be used when speaking to someone who is of your own age approximately, and *usted* if the person is someone to whom you should show respect.

Señor : ¿Hay un banco por aquí?

Señora: Sí, hay uno en la Plaza Mayor. Está muy cerca, a dos cuadras de aquí. Siga todo recto, tome la segunda calle a la izquierda. La plaza está ahí. El banco está al otro lado de la plaza.

Señor: Muchas gracias.

Señora: De nada. Hasta luego, adiós.

The following grid will give you many of the phrases you will need in this context.

Perdone, estoy perdido/a.	Lo siento. No tengo ni idea. No soy de aquí.		
	(Tú)	(Usted)	
¿Hay un ... por aquí?	Toma	Tome	la primera/segunda a la derecha/izquierda
¿Cómo voy a ...?	Cruza	Cruce	la plaza/el puente
¿Para ir a ...?	Dobla	Doble	la esquina
¿Por dónde se va a ...?	Sigue	Siga	todo recto/hasta el final
	Sube/Baja	Suba/Baje	la calle/avenida
	Pasa	Pase	la rotonda/los semáforos
¿Está lejos? ¿Dónde está? ¿A qué distancia está de aquí?	Está a cinco minutos andando/en coche/en autobús.		
	Está lejos/cerca/a un kilómetro/a100 metros.		
	Está a dos cuadras de aquí.		

Contextual dialogue

A group of foreign tourists is visiting your town. You see them looking lost and consulting a map. You approach them to see if you can help. Using 80–100 words, complete the dialogue, making sure to include the following:

i Greetings

ii An offer of help

iii Suggest some of the best places they could visit, explaining the location of these

iv Give directions to their hotel

v Bid farewell, giving them your cell phone number in case they need further help during their stay

YO: _____

TURISTA: Hola, mucho gusto. Estamos perdidos. No sabemos dónde estamos.

YO: _____

TURISTA: Ah, muy bien. ¿Qué sitios de interés hay en la ciudad?

YO: _____

TURISTA: Muchas gracias. Y ¿por dónde se va a nuestro hotel, el hotel Espléndido?

YO: _____

TURISTA: Excelente. Ha sido muy amable. Muchísimas gracias.

YO: _____

TURISTA: Nos ha ayudado bastante ya. Creo que estamos bien ahora. Adiós, y gracias.

Responses to situations

Write no more than one sentence in response to these situations.

1 A friend wants directions to your house. Write the note you give him.

2 Your mother wants to meet you at the station, but you think it is too far from where you are. Write the text message you send her.

3 Some friends are coming to your house to play cricket. You leave a note on the door explaining where the park is. What does the note say?

4 You are going to visit your uncle in another town. You write an email to ask where his house is in relation to the bus station. What does the email say?

Oral situations

1 You are on a train in an area you don't know. You want to know how far it is to your destination. You ask a fellow passenger.

   a What do you ask?

   b What is the reply?

2 A friend invites you to lunch in a restaurant you don't know. You ask where it is.

   a What do you ask?

   b What is the reply?

3 You have a bad headache and need to take something for it. You want to know where the nearest pharmacy is.

   a What do you ask?

   b What is the reply?

4 You are in a town you don't know and a stranger asks you the way.

   a What do they ask?

   b What do you reply?

¿Qué te pasa?

GRAMÁTICA

Me duele el tobillo.

Remember how in Spanish, the impersonal form is used to say 'something hurts us', literally 'the ankle hurts me'. By extension, other parts of the body can be substituted, for example *me duele la cabeza/el estómago, me duele**n los** dientes*. (Note the plural form.)

Possessive adjectives are not needed for parts of the body in this context, for example *Me duele la garganta*. My throat hurts.

Note: *Me duelen los oídos* (the internal part of the ear). *La oreja* refers to the external ear.

En la calle

Daniel: ¿Qué te pasa? Parece que andas mal.

Eduardo: Sí, es que me caí esta mañana, camino a la oficina de correos. Había algo en la acera que no vi, porque estaba hablando por el celular. Ahora me duele muchísimo el tobillo.

Daniel: ¿Por qué no descansas un rato?

Eduardo: Voy a pedir cita con el médico a ver lo que dice él.

Daniel: Sí, buena idea. Y ¡ojo! ¡Ten cuidado por donde caminas!

En la recepción

Recepcionista: Buenos días. ¿En qué puedo servirle?

Eduardo: Quisiera ver al médico. Acabo de caerme y me duele mucho el tobillo.

Recepcionista: Vamos a ver ... ah sí, si puede esperar media hora, el médico tiene cita libre a las once.

Eduardo: Estupendo, está muy bien.

Recepcionista: ¿Por qué no se sienta ahí, con el pie levantado?

En el consultorio

Médico: Buenos días. A ver, ¿qué le pasa?

Eduardo: Bueno, es que me caí esta mañana, y ahora tengo problemas para caminar. El tobillo izquierdo me duele muchísimo. No puedo ponerme de pie.

Médico: Vamos a examinarlo ... Sí, lo veo muy hinchado, pero no parece roto. Creo que tiene el tobillo torcido, pero le aconsejo una radiografía por si acaso. Tendrá que descansar el pie al menos una semana y tomar un analgésico si le duele demasiado.

ENLACE

For a full list of parts of the body, see *Más vocabulario*, page 79.

ESTRATEGIAS

Remember, there is not only one correct way to say things in Spanish. For example, one can suggest remedies/actions in various ways.

¿Por qué no tomas una aspirina?

Tómate unas pastillas para el dolor de garganta.

Tendrá que guardar cama.

ACTIVIDAD

Using the following guideline, write a letter of 130–150 words, using the tense or tenses appropriate to the topic.

Last week you had an accident at school whilst playing football. You broke your leg. Write a letter to your grandparents to tell them about the incident. Include:

i   What you were doing and what happened

ii   The hospital doctor's actions and advice

iii   How you are spending the time now

iv   What activities you won't be doing for some time

VOCABULARIO

Useful phrases for showing sympathy etc. include ...

¡Qué lástima! – *What a shame!*

Lo siento (mucho). – *I am (very) sorry.*

¡Qué mala suerte! – *What bad luck!*

¡Que* te/le vaya bien! – *Hope it goes well for you!*

¡Que* te mejores/recuperes pronto! (tú) – *Get well soon!*

¡Que* se mejore/recupere pronto! (usted) – *Get well soon!*

In the context of a more serious occasion:

¡Mi más profundo pésame! – *My sincere condolences.*

¡Te acompaño en tus sentimientos! – *I feel for you.*

* Note that the *Que* in the expressions marked with an asterisk does not carry a written accent. You will see that it is followed by a verb and the *que* in this instance can be translated as 'May ... happen'.

REPASO

Response to situations

Write no more than one sentence to express the following.

1   You wish to send a 'Get well' card to an aunt who is in hospital. What do you write in the card?

2   Your teacher is ill. The principal asks you to send a card from the class. What do you write?

3   A friend's grandfather has just died. You send your family's sincere regrets. What do you write?

4   You hear that a friend has the flu and will miss a concert that he was looking forward to attending. What do you text him?

Hablando de la vida diaria

- Learn to read, write and talk at length about your daily routine.

ESTRATEGIAS

The skill of reading in Spanish is very important to practise. You may not understand every word in a passage but, if you do not have access to a dictionary, for example in an examination, try and think of the possible meaning in the context.

Passages like this one are useful for building up vocabulary. List those words you do not know and find their meaning.

Te voy a contar lo que me pasó el otro día. Era un jueves, y se suponia que iba a ser un día corriente, pero no salió así.

Primero mi despertador no sonó, así que no me desperté a las siete sino las ocho y media. Me quedé en la cama un rato porque no tenía ganas de levantarme. Sabía que mi madre y mis profesores iban a reñir conmigo, pero a fin de cuentas tendría que dar la cara así que me levanté a las nueve.

¡Qué raro! No había nadie en casa, pero luego me acordé de que mi madre iba a salir temprano para ir a ver a los abuelos y mi padre siempre sale temprano para ir a su trabajo. Me duché, me vestí y preparé mis cosas para el colegio. Al entrar en el despacho donde guardo mis cosas, vi el periódico y los titulares 'Rihanna hoy en el polideportivo'. Me paré a leer el artículo porque ella es una de mis estrellas favoritas. ¡Rihanna iba a venir a inaugurar el nuevo polideportivo en la ciudad! ¡Imagínatelo! Acaban de construirlo en las afueras, cerca de mi colegio. '¿Por qué no ir al colegio por esa ruta?' me pregunté. 'Ya voy a llegar tarde y qué son treinta minutos más o menos, ¿qué diferencia hay?'

Así que me puse muy bien la corbata, mejor que los otros días, me peiné con cuidado y salí de casa más elegante que de costumbre.

No sé lo que pensaba, pero decidí ir por el centro y al pasar la floristería, entré y compré un ramo de flores con una tarjetita en la que escribí 'Para Rihanna, deseándote muchísimos éxitos. De uno de tus más fervientes admiradores.' Y puse el número de mi celular.

Ya había mucha gente esperando cuando llegué al polideportivo pero conseguí meterme entre la muchedumbre y encontré un sitio en la primera fila. Claro, había muchos periodistas de la prensa y la televisión. Tuvimos que esperar más de una hora pero no me importaba. Estaba tan emocionado que me había olvidado del colegio.

Por fin llegó, y valió la pena esperar. Salió de su coche y se dirigió a la gente que la esperaba. Cuando estaba acercándose a donde estaba yo, empecé a sentirme nervioso, pero me atreví a darle las flores, y hasta decirle 'Me alegro de verte aquí.' Y me sonrió. Fue una cosa de unos segundos, nada más, y luego desapareció dentro del edificio. Miré mi reloj. Eran las once y media ya, tenía que ir rápidamente al colegio, pero se me acercó uno de los periodistas y me dijo 'Saqué una foto muy bonita de ti con Rihanna. A lo mejor saldrá mañana en el periódico'.

¡Ahora ya no valían excusas! Tendría que decirles la verdad a mis padres y a los profesores. Pero ¿qué más da? Fue uno de los días más memorables de mi vida.

Al día siguiente salió la foto en el periódico. ¡Pero sigo esperando una llamada de Rihanna!

ESTRATEGIAS

Write full sentence answers wherever possible, unless specified otherwise. It is a good habit to get into.

Answer the following in English.

1 Why did the boy not wake at the normal time?
2 What did he imagine his teachers and his mother would do?
3 What news did he read in the newspaper?
4 Why was he so interested?
5 Where did he stop on the way to the sports centre?
6 Apart from the crowd, who else was waiting there?
7 How did Rihanna react?
8 Why could he not hide this from his parents and teachers?

REPASO

Use the passage for practice in reading aloud.

ESTRATEGIAS

The more you practise, the easier reading aloud will become.

Take special care with

• vowel sounds
• words that look English but which need to be said with Spanish pronunciation
• stress patterns
• longer words

3.10 Más vocabulario

La rutina diaria

(see page 60)

cepillarse (los dientes) – to brush (one's teeth)

despertarse – to wake up

dormir – to sleep

dormirse – to fall asleep

ducharse/bañarse– to shower

lavarse el pelo – to wash one's hair

levantarse – to get up

peinarse – to comb one's hair

quitarse la ropa – to take off one's clothes

soñar (con) – to dream (of)

vestirse – to get dressed

Los adverbios de frecuencia

(see page 60)

a menudo – often

a veces – sometimes

de vez en cuando – from time to time

generalmente – generally

muchas veces – often

nunca – never

pocas veces – seldom, rarely

por lo general – generally, in general

raramente – rarely

siempre – always

a veces – sometimes

Las nuevas tecnologías

(see pages 68–69)

agotado – dead (as in battery)

archivar/almacenar – to save

borrar – to delete

el buscador – search engine

cargar (un programa) – to load (a programme), to charge (a battery)

el celular – cell phone

la computadora/el ordenador – computer

conectar – to connect

los contactos por la red – social networking

la contraseña – password

descargar – to download

desconectado – off-line

el GPS – satellite navigation system

la impresora – printer

el menú – menu

la pantalla – screen

la pila – battery

el ratón – mouse

la red – internet

la reserva de seguridad – (system) back-up

salvaguardar – to back-up

la tecla – key (of keyboard)

el teclado – keyboard

el (teléfono) móvil – mobile (phone)

En la ciudad

(see page 70)

la acera/el andén – pavement

las afueras – outskirts

la agencia de viajes – travel agency

la alcaldía – town hall

la aldea – village

los alrededores – outskirts, surroundings

el aparcamiento/estacionamiento/parqueadero – car park

el apartamento – apartment

la autopista – motorway

la avenida – avenue

el banco – bank

el bar – bar

el barrio – neighbourhood, district

la biblioteca – library

la bocacalle – side street

el buzón – mailbox

la cabina telefónica – phone box

la calle – street

el camino – path

la capital – capital city

la carnicería – butcher's shop

la carretera – main road (outside a town)

el castillo – castle

la catedral – cathedral

el centro – centre

el centro cívico – civic centre

el centro comercial – shopping centre

el cine – cinema

la comisaría/estación de policía – police station

la confitería – sweet shop

el consultorio – doctor's surgery

correos – post office

el cruce – crossroads

la cuadra – the block (of houses)

el edificio – building

la esquina – corner

la estación (de autobuses) / la terminal (de buses) – (bus) station

la estatua – statue

la farmacia – pharmacy/chemist's

la frutería – fruit shop

la fuente – fountain

el hospital – hospital

la iglesia – church

la joyería – jeweller's shop

la lavandería – laundry

la librería – bookshop

el mercado – market

el museo – museum

el museo de arte – art gallery

la oficina de turismo – tourist office

el palacio – palace

la panadería – bread shop, bakery

la papelería – stationer's shop

la parada de autobuses/el paradero de buses – bus stop

el parque – park

el paso de peatones – pedestrian crossing

la pastelería – cake shop

la peluquería – hairdresser's

la pescadería – *fishmonger's*

el piso – *flat, apartment (also a floor/ storey)*

la plaza – *square*

el polideportivo – *sports centre*

el pueblo – *village*

el puente – *bridge*

la rotonda/la glorieta – *roundabout*

el semáforo – *traffic light*

el teatro – *theatre*

la tienda (de comestibles) – *(grocer's) shop*

la torre – *tower*

la zapatería – *shoeshop*

la zona industrial – *industrial area*

El cuerpo

(see pages 11 and 75)

la boca – *mouth*

el brazo – *arm*

la cabeza – *head*

la cara – *face*

el codo – *elbow*

el corazón – *heart*

el cuello – *neck*

el dedo – *finger*

el diente – *tooth*

la espalda – *back*

el estómago – *stomach*

la frente – *forehead*

la garganta – *throat*

el hombro – *shoulder*

el hueso – *bone*

el labio – *lip*

la lengua – *tongue*

la mano – *hand*

la mejilla – *cheek*

la muñeca – *wrist*

el muslo – *thigh*

la nariz – *nose*

el oído – *(inner) ear*

el ojo – *eye*

la oreja – *(outer) ear*

el pelo – *hair*

el pie – *foot*

la piel – *skin*

la pierna – *leg*

la rodilla – *knee*

el rostro – *face*

el tobillo – *ankle*

el analgésico – *painkiller*

ESTRATEGIAS

When answering questions in the examination it is important to pay attention to your handwriting. If the examiner cannot understand what you have written, he/she cannot award any credit. Likewise, correct spellings are important for your answers in English. Again, if the examiner cannot be sure of what you mean, he/she cannot award marks.

ESTRATEGIAS

You should always check your work carefully if you have time. If checking in Spanish, look for common mistakes. You could use this mnemonic, RAPPING POP, or make one of your own.

REFLEXIVES

AGREEMENTS

PRETERITE OR IMPERFECT

PERSONAL *A*

IMPERSONAL VERBS

NEGATIVES

GUSTAR

POR QUÉ/PORQUE

OBJECT PRONOUNS

POR/PARA

Here are more exam practice questions, which focus specifically on the topic we have just covered, namely 'Daily Routine'.

Paper 1

Part B – Reading comprehension
Section II

In the sentences below, select the word or phrase which will make the sentence **grammatically correct**.

1 Suelo ... a las ocho entresemana.

  a me levanto **b** levantarse **c** levantarme **d** me levanto

2 Cuando salí de casa ...

  a llovió **b** llovía **c** lloverá **d** llovería

3 El año pasado ... a Miami.

  a fuimos **b** éramos **c** estuvimos **d** estábamos

4 Alicia le dijo al dentista que ... dolían los dientes. Él se los examinó.

  a me **b** te **c** se **d** le

5 ¿Quieres ir al cine? ... la primera a la derecha. Está a mano izquierda.

  a Tome **b** Toma **c** Tomo **d** Tomen

6 El hospital ... enfrente de la comisaría.

  a está **b** es **c** fue **d** era

7 Me gusta la rutina. ... bueno es que sabes lo que va a pasar y cuándo.

  a La **b** El **c** Lo **d** Los

8 Todos los días ... acuesta tarde. Por eso siempre está muy cansada.

  a te **b** le **c** se **d** me

9 Hago los deberes en la biblioteca ... no hay distracciones.

  a para qué **b** por qué **c** porque **d** a causa de

10 Me gusta ... por internet. Es fascinante.

  a navego **b** navegar **c** navegué **d** navegaba

(10 marks)

Section II
Composition

Write in Spanish a composition of 130–150 words, and no more. Use the tense or tenses appropriate to the topic.

It is Sports Day, your favourite day of the school year. However, you have an accident on the way to school and end up in hospital instead. Write a composition in which you include:

i Your morning routine that day

ii How the accident occurred

iii What happened at the hospital

iv Details of the card you received from your friends

(Total 30 marks)

Oral – Conversation

1 ¿A qué hora te levantas entre semana?

2 ¿Te levantas tarde o temprano los fines de semana?

3 ¿Con quién desayunas?

4 ¿Dónde haces las tareas?

5 ¿Qué sueles hacer por la tarde, después de las clases?

6 ¿Qué haces para ayudar en casa generalmente?

7 ¿Cuántas horas de televisión ves al día?

8 ¿Para qué sueles usar la computadora?

9 ¿Cuáles son los sitios de interés en tu país?

10 ¿A qué hora sueles acostarte durante las vacaciones?

(Total 35 marks – awarded for comprehension, spontaneity, fluency, correctness of expression and range of vocabulary)

OBJETIVOS

• Learn how to talk about sport.

¿Te gusta el deporte?

¿Sí?

¿Qué deportes practicas?

¿Prefieres ser espectador de un partido o jugar tú mismo?

¿No?

¿Por qué?

¿Conoces a gente a quien le gusta el deporte?

Usain Bolt es uno de los mejores atletas de nuestra época. A continuación hay un artículo sobre uno de sus éxitos.

Bolt rompe su propio récord

KINGSTON, Jamaica, 10 de mayo. Ayer en Kingston, Jamaica, el famoso atleta jamaicano Usain Bolt ganó la carrera de los cien metros y a la vez rompió su récord personal. El día anterior había ganado e igualado su récord en los doscientos metros. Estos éxitos son prueba, si nos hacía falta, de que él es el mejor atleta de nuestros tiempos. Y siempre nos muestra su personalidad carismática con su pose característica apuntando al cielo. La semana que viene viajará a Bruselas para competir en los campeonatos mundiales de atletismo. Si no se lastima tendrá la oportunidad de ganar en las dos distancias y de romper los récords mundiales.

Lee este artículo sobre los éxitos deportivos de algunos estudiantes.

NEWBERRY GANA CAMPEONATO INTERCOLEGIAL

El fin de semana pasado los alumnos de Newberry High School en Hightown ganaron el campeonato intercolegial de baloncesto al vencer al equipo de Mayweather High. Fue un partido muy emocionante. Los dos equipos jugaron bien, y a mitad de tiempo, empataron quince a quince. Sin embargo, después del descanso, Newberry empezó a tomar ventaja y terminaron con el resultado veinticinco a veintitrés. El delantero de Mayweather, Pablo Estrella, se lesionó al caerse en la cancha y tuvieron que reemplazarle en los últimos cinco minutos. El equipo de Newberry se benefició de jugar en su propia cancha, y sus aficionados les alentaron con sus aplausos y entusiasmo. Dieron el premio de mejor jugador a Raúl Castillo, del equipo de Newberry, quien marcó la mayoría de los goles.

Passage 1

1 What were Bolt's two achievements yesterday? (2)
2 What success had he had the day before? (1)
3 How did he celebrate yesterday's achievements? (1)
4 When will he travel to Brussels? (1)
5 What may happen to prevent him from becoming world champion? (1)

Passage 2

1 In which sport did Newberry High School win the competition? (1)
2 How do we know it was a close match in the first half? (2)
3 What bad luck did Mayweather's team have five minutes from the end? (2)
4 What advantage did Newberry High have? (2)
5 Why did Raúl Castillo get the 'player of the match' award'? (1)

ENLACE

For a list of different sports and related vocabulary, see *Más vocabulario* page 102.

These passages give good examples of how you may be asked to talk or write about your experience of sport, either on a personal level in your school or community, or when talking about a sports personality.

Useful pointers include:

- *jugar* or *practicar* – which verb to use? *Jugar* is used when talking about a game (for example football or basketball) and *practicar* for an activity (for example cycling or athletics).

- Remember, *jugar* undergoes spelling changes in order to retain the sound of the hard 'g', for example in the 1st person preterite tense *jugué*, and in the present subjunctive, for example *él quiere que juegue yo mañana*. (See page 181 for further information about the subjunctive.)

- Imperfect or preterite? When setting the scene use the imperfect, and when saying what happened or situating the action at a particular time use the preterite. *El campeonato tuvo lugar el 2 de julio en el polideportivo de la ciudad. Hacía mucho calor y los atletas tuvieron que tomar mucha agua para hidratarse.*

- Adverbs of frequency can be useful here. Refer back to page 78.

REPASO

Be prepared to answer the following ...

1 ¿Eres muy deportista? ¿Por qué?
2 ¿Cuál es tu deporte favorito?
3 ¿Eres aficionado/a a un equipo especial?
4 ¿Quién es tu deportista favorito/a y por qué?
5 ¿Tus padres/hermanos practican deportes? ¿Cuáles?
6 ¿Cuáles son los deportes que se practican en tu colegio?
7 ¿Eres miembro de algún equipo?
8 ¿Cuándo entrenas y cuántas horas dura cada entrenamiento?

Lo que se necesita

OBJETIVOS

- Learn how to talk about what you need for certain sports and how to play them.

GRAMÁTICA

Se necesita(n), se puede, se exigen are all examples of what is known as the 'reflexive *se* construction'. The third person of the verb is used, singular or plural depending on the subject of the verb, in whichever tense is appropriate. This construction is often used when in English we would use the passive, for example: Boots are required, *Se necesitan botas*. A ball is needed. *Se necesita un balón.*

Note that no agent is specified. We do not know by whom the boots or ball are required/needed.

¿Por qué es tan popular el fútbol en todo el mundo?

Es un juego muy sencillo, para jugarlo sólo se necesita un balón. Se puede jugar en el parque, en la playa, en cualquier terreno, con cualquier número de personas. Para construir una portería sólo se necesitan dos objetos como dos rocas, dos suéteres o dos zapatos, que representan los límites de la portería.

Claro, si juegas en un equipo de once jugadores, se exige tener botas de fútbol y el uniforme del equipo. Además, se juega en una cancha de fútbol con dos porterías, y las líneas pintadas.

¿Cómo se juega al fútbol?

- Para jugar un partido completo se necesitan dos equipos de once jugadores por equipo para tener un total de veintidós jugadores.

- Se juega en un campo de fútbol con dos porterías, una en cada extremo.

- Se juegan dos tiempos de cuarenta y cinco minutos, con un descanso de diez minutos al final del primer tiempo.

- El balón se mueve sólo con el pie o la pierna aunque también se puede usar la cabeza y otras partes del cuerpo, con excepción de las manos.

- Sólo el portero puede tocar el balón con la mano.

- Se trata de pasar el balón de una persona a otra del mismo equipo con el fin de meterlo en la portería del equipo opuesto para marcar un gol. Este gol se defiende lo más posible.

- Si se marca un gol, es decir, si el balón pasa la línea de gol o entra en la red, el balón se vuelve al centro de la cancha y se empieza otra vez.

- Si se cometen errores o faltas, el equipo contrario gana un tiro libre o un penalty (que es un tiro libre en la zona de gol con sólo el portero como defensa.) Se gana el partido si se marcan más goles que el otro equipo.

GRAMÁTICA

Con el fin de meterlo (referring to *el balón*). We often use pronouns to replace nouns in English, when the thing we are talking about is understood. This way we avoid repetition. The same applies in Spanish. Which pronoun we use depends on the gender and number of the noun we are replacing. In the case of direct object pronouns (i.e. those which replace a noun which is the direct object of the verb, for example 'with the aim of putting **it** – the ball – in the net') these are *lo, la, los, las*.

Pronouns are generally placed before the verb, but go after, and are attached to, infinitives, positive commands and present participles. Note that the addition of this extra syllable may result in the need for an accent, for example *estoy jugándolo, empiézalo otra vez, voy a ponérmelas*.

ACTIVIDAD

Which sports do the following explanations refer to?

1 Se juega con una raqueta y una pelota, en una cancha con una red en el medio. Se puede jugar con dos o cuatro jugadores. Usando la raqueta, se pasa la pelota de un lado de la red al otro, y si el otro jugador no puede devolverla se gana un punto. Un partido se compone de tres o cinco *sets*. Cada *set* se compone de varios juegos. Se gana cuando se llega a seis, con una diferencia de dos juegos con el otro jugador.

2 Se juega en la playa con dos equipos de dos (o más). Se dibuja la cancha en la arena. Se necesita una red bastante alta entre los dos equipos, y una pelota. Se trata de pasarla encima de la red al otro equipo, sin dejarla caer al suelo. Se gana un punto si la pelota se cae al suelo en el lado opuesto de la red.

ENLACE

Vocabulary for sports equipment can be found on *Más vocabulario* page 102.

REPASO

Using the steps in *¿Cómo se juega al fútbol?*, write 3–5 sentences explaining how to play another sport, for example netball. Practise using the *se* construction and bring in a few direct object pronouns.

– Ahora les presentamos este programa de Radio Lucumi en el que hoy hablan de la salud y nos dan consejos importantes sobre cómo mantenernos sanos. Habla nuestra presentadora Lori Sánchez.

– Buenos días, radioyentes. Hoy hablamos con el famoso doctor Manuel Sabio, que nos responde a la siguiente pregunta: ¿Qué nos aconseja, Dr. Sabio, para mantener un estilo de vida sano?

– Para asegurar una larga vida tienes que llevar una vida sana. Hay que comer bien, no debes fumar ni beber alcohol, has de acostarte temprano y dormir ocho horas al día, y por supuesto debes mantener una vida activa.

– ¿Cuál es la base de una dieta sana?

– Pues, las frutas y legumbres son muy importantes, hay que comer al menos cinco raciones al día. Y deberíamos evitar comer demasiada carne roja, es decir el bife o carne de res, el cerdo y el cordero. Se aconseja comerla no más de dos o tres veces a la semana.

– Muchas gracias, doctor. Y ahora nos llama Caro López. Quiere preguntarle algo sobre el ejercicio.

– Es que me duelen mucho las rodillas si hago demasiado ejercicio. ¿Qué me aconseja, doctor?

– Bueno, señora, tiene usted que consultar a su médico, no le puedo recomendar nada sin saber cuál es el problema que tiene.

– Gracias, doctor Sabio. Bueno, no nos queda más tiempo hoy. En el próximo programa hablaremos más de los distintos tipos de ejercicio. ¡Hasta pronto!

Come al menos cinco raciones de fruta o verduras al día.

Limita el consumo de pollo frito.

Bebe más agua, al menos dos litros al día.

Toma menos refrescos azucarados.

Acuéstate temprano y duerme ocho horas.

No fumes.

No uses demasiado azúcar.

No comas mucho chocolate.

Lleva una vida más energética.

ACTIVIDAD

Your friend wants to become fit for the school sports day and asks for your guidance on how to do this. Give five pieces of advice that will help him or her to prepare well.

We receive a lot of advice about what we should and shouldn't do to lead a healthy life. In the conversation opposite this advice is expressed in various ways, each emphasising a different aspect of need or obligation.

Tener que + infinitive means to have to, when the obligation is imposed from the outside, for example *Tenemos que beber mucha agua si queremos vivir bien.*

Hay que + infinitive is impersonal and places emphasis on the action, for example *Hay que comer bien.*

Deber + infinitive implies what one must do, maybe from a sense of duty, for example *Debes visitar más a tus abuelos.*

Deber in the conditional (*debería* etc.) implies what one should do, for example *Deberíamos evitar comer demasiada carne roja.*

Haber de + infinitive suggests that an outside agent is enforcing the action, for example *He de hacer las tareas antes de salir.*

Hace falta + infinitive can be an impersonal way to express obligation, but is made personal by the use of the indirect object pronoun, for example *Me hace falta ir al gimnasio todos los días, le hace falta comer menos grasa.*

Se necesita + infinitive (see pages 84–85) can be used in a similar way, for example *Se necesita hacer ejercicio cada día.*

Fill the gaps with the missing words from the box below. Note that you will not need to use all the words.

beber al debemos hace hambre comer de que hemos bañar

¿En qué consiste una dieta sana?

Según los expertos, tenemos ... comer al menos cinco porciones de fruta y legumbres al día. Hay que ... dos litros de agua al día para mantener los niveles de hidratación. No ... comer demasiada carne roja – ... de comer más pollo o pescado, o comida vegetariana. Nos ... falta evitar comidas grasosas como la comida basura o la comida rápida. ¿Y los vicios como el chocolate? No deberíamos ... demasiado, pero se puede comerlo de vez en cuando.

Several friends tell you their problems. What advice would you give for each? Match the responses with the problems.

1 Me duele el estómago.

a Hay que comer regularmente.

2 Tengo mucha sed.

b Deberías practicar un deporte.

3 Tengo hambre.

c Tienes que ponerte un jersey.

4 Tengo frío.

d No debes comer tanto.

5 Estoy aburrido.

e Has de beber más agua.

Follow the instructions exactly as given – you could lose marks by not doing so. Sometimes it will pay you to think of the simplest way to express what needs to be said. Rather than attempt complicated sentence structure, choose shorter phrases.

4.4

Mis pasatiempos

OBJETIVOS

- Learn how to talk about what you like to do in your free time.

A continuación les presentamos otro programa de Radio Lucumi. Hoy nuestro reportero Jaime Dudoso está en el centro comercial de Las Aguas Azules y entrevista a varios jóvenes que acaban de salir de clase.

– ¿Qué te gusta hacer en tus ratos libres?

A mí me encanta leer novelas. Las que me gustan mucho son las novelas románticas históricas. El libro que leo ahora trata de la Reconquista.

Me interesa mucho ver las series televisivas de los Estados Unidos. Son muy divertidas.

Lo que más me gusta es la música. Me gusta escuchar música en mi habitación y jugar a los videojuegos al mismo tiempo.

Yo prefiero navegar por internet. Suelo conectarme con los amigos por la tarde, y charlamos.

No tengo mucho tiempo libre porque tengo que entrenar dos horas cada día en la piscina, pero para relajarme me encanta ir al cine.

GRAMÁTICA

On pages 38–39 we discussed the verb *gustar*, which will reappear in so many different contexts as you express your likes and dislikes. It would be appropriate to take a few moments to refresh your mind about this extremely important construction.

The verb *gustar* is known as an impersonal verb. It is most often used in the third person, in an 'impersonal' way, for example 'music pleases me', *me gusta la música*.

The young people above are also using other verbs in the same way – *me encanta, me interesa* –, to which we can add, in this context, verbs such as *entusiasmar, fascinar, apasionar*. For example *me entusiasma la música jazz, me fascinan las películas extranjeras, me apasiona bailar salsa*.

ACTIVIDAD

Practise using the impersonal verbs below by giving the correct form.

1 Me (gustar) practicar deporte.
2 Me (interesar) el cine latinoamericano.
3 Me (encantar) las comedias.
4 Me (fascinar) los bailes folklóricos.
5 Me (entusiasmar) la música alegre.

Now choose the correct pronoun from those in the box below, according to the meaning given.

> me le le nos les

1 ... encantan los videojuegos. (They love videogames.)
2 ... gusta jugar al tenis. (He likes to play tennis.)
3 ... fascina el arte precolombino. (She is fascinated by pre-Columbian art.)
4 ... entusiasma la Copa Mundial de fútbol. (I'm really keen on the soccer World Cup.)
5 ... interesan las matemáticas. (We are interested in maths.)

ACTIVIDAD

A friend is asking for help with Spanish vocabulary, and asks you to give explanations or definitions of the following. Use relative pronouns or adjectives in your answers.

For example: ¿Qué es un profesor? Es el hombre que nos explica o enseña cosas.

¿Qué es una biblioteca? Es una sala en que hay muchos libros.

1 ¿Qué hace una directora?
2 ¿Qué es un videojuego?
3 ¿Qué es la salsa?
4 ¿Qué son los deportes acuáticos?

GRAMÁTICA

Relative pronouns and adjectives

These words join clauses so more information can be given about a preceding noun or pronoun, for example *el libro que leo.*

They can also be used with prepositions, for example *el colegio en el que estudio es grande.*

Note, for 'whose' we use the relative adjective *cuyo* which must agree with the noun possessed, for example *es una novelista cuyos libros me gustan mucho.*

Lo que is commonly used to express the neutral idea of 'that which, the thing(s) which', for example *lo que hice, lo que me gusta.*

In the speech bubbles at the top of page 88 we see *las que* referring to *las novelas.* When referring back to something specific we must make the article agree in number and gender, for example *el que, la que, los que, las que.*

REPASO

Try to answer the question at the top of page 88 *¿Qué te gusta hacer en tus ratos libres?* using a variety of impersonal verbs.

ENLACE

To talk about your hobbies and interests in more detail, read on to the next pages 90-95.

La música

- Learn how to talk about music.

GRAMÁTICA

How long for?

Note that when we talk about how long we have been doing something that we continue to do we use the present tense and one of the following constructions.

1 Present tense + *desde hace* + time period

   Marilena canta ópera desde hace diez años.

2 *Hace* + time period + *que* + present tense

   Hace cinco años que aprendo a tocar la batería.

3 *Llevar* + time period + present participle

   Llevamos media hora esperando el autobús.

Presentador: Buenas tardes. Hoy tenemos con nosotros en el estudio de Radio Lucumi a la famosa cantante Rosa Rosario Rosada. Y nuestro tema para hoy es la música. ¿Les gusta la música? ¿Por qué? Bueno, ustedes tendrán su momento pero empezaré hoy con Rosa Rosada. Buenas tardes, Rosa, bienvenida al programa y a Radio Lucumi.

Rosa: Es un placer para mí estar con ustedes hoy.

Presentador: Dime, ¿qué te parece la música?

Rosa: La música es una parte fundamental de nuestra vida, desde las canciones de cuna que nos cantaba nuestra madre para calmarnos y hacernos dormir hasta la música ruidosa y a veces fuerte de la discoteca que nos anima a bailar. Los distintos elementos de la música – el ritmo, la melodía, la letra, los instrumentos – se juntan para producir sentimientos distintos en cada uno de nosotros. La música nos tranquiliza, nos anima, nos trae recuerdos de momentos específicos, nos inspira un sentimiento de orgullo, por ejemplo el himno nacional en ciertas ocasiones.

Presentador: Estoy de acuerdo. Tienes razón. Hay varios tipos de música. Hay la clásica, el jazz, la música popular y otros tipos de música. Hay una gran variedad de ritmos en la música popular, por ejemplo el reggaetón, la soca, la salsa y el calipso, entre otros. ¿Cuál prefieres?

Rosa: Bueno, todos tenemos nuestros cantantes y músicos preferidos como los hispanos Shakira de Colombia, Ricky Martín de Puerto Rico y Enrique Iglesias de España (y Miami). Mi cantante preferido es Enrique Iglesias. Tiene la voz muy suave, la cual me llega al corazón.

Presentador: Sé que tus conciertos son fenomenales. Recuerdo muy bien todavía el último que vi en La Habana. Pero, dime, como cantante famosa, ¿vas a conciertos de música o a festivales de música?

Rosa: No, no puedo y es una lástima. En el pasado fui a muchos, y de varios tipos. Hay muchos conciertos para todos los gustos. Quizás es un festival de música de un estilo u otro, o un concierto de un solo artista o de orquesta. Lo bueno es oír la música en vivo y así gozar del ambiente musical. Pero, como dije, ya no voy a causa de mi rutina.

Presentador: Entiendo. Otra cosa, Rosa, ¿tocas algún instrumento?

Rosa: Lástima que no. ¿Y tú?

Presentador: Sí, toco el piano desde hace mucho tiempo.

Rosa: Qué bien. Me gustan los instrumentos. Todos tienen su propio sonido y atracción. El piano es un instrumento muy versátil que puede interpretar melodías sencillas y complejas. Con el violín puedes tocar en una orquesta con otras personas. El violín es más sociable y me da mucha satisfacción ver a un violinista hacer música con los otros miembros de la orquesta. La batería puede ser muy divertida y uno se pone a bailar en un segundito, pero cuidado con los vecinos si se toca mucho y muy alto. Finalmente, la guitarra es más portátil y es un instrumento que se puede tocar solo o acompañado. Algún día voy a aprender a tocar la guitarra.

Presentador: Bueno, Rosa, se nos termina el tiempo. Gracias por hablar conmigo hoy y espero verte otra vez algún día en Radio Lucumi. Hasta la próxima.

Rosa: Muchas gracias y hasta luego.

¿SABÍAS QUE …?

Many Spanish-speaking countries have traditional dances, for example *el flamenco* comes from southern Spain, *el tango* from Argentina, *la salsa* and *la rumba* from Cuba, *el merengue* and *la bachata* from the Dominican Republic. All these dances are recognised around the world but are the results of the merging of musical influences from Spain, Portugal, Africa and Amerindian cultures.

El tango

El flamenco

REPASO

Answer the following questions for yourself. You may like to draw from the interview above in preparing your personal responses.

1 ¿Te gusta la música? ¿Por qué?
2 Hay varios tipos de música. ¿Cuál prefieres tú?
3 ¿Vas a conciertos de música?
4 ¿Tocas algún instrumento?
5 ¿Cuánto tiempo llevas aprendiendo a tocar este instrumento?
6 ¿Te gustaría tocar otro instrumento? ¿Cuál? ¿Por qué?
7 ¿Qué clase de música te gusta bailar y por qué?
8 ¿Cantas? ¿Con gente o a solas? ¿Cuándo y dónde?

ESTRATEGIAS

Note that the verb *tocar* is used when we talk about playing an instrument.

Toco el piano. Tocaba la guitarra. Toqué la flauta anoche.

El cine y la televisión

- Learn how to talk about TV programmes and films.

ACTIVIDAD

Escribe los distintos tipos de programa en tu orden de preferencia.

ESTRATEGIAS

As with many other free time activities, you may well be asked to talk or write about your TV viewing habits – how often you watch television, at what time of day, your favourite programmes and reasons for your choice. It is useful to mentally prepare for these types of questions.

La televisión

Se hizo una encuesta en clase a los estudiantes sobre los gustos y preferencias de los programas de televisión. Aquí tenemos los resultados:

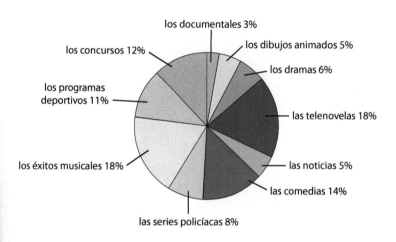

los documentales 3%
los dibujos animados 5%
los dramas 6%
las telenovelas 18%
las noticias 5%
las comedias 14%
las series policíacas 8%
los éxitos musicales 18%
los programas deportivos 11%
los concursos 12%

ACTIVIDAD

Allocate the following reasons for viewing to specific programme types.

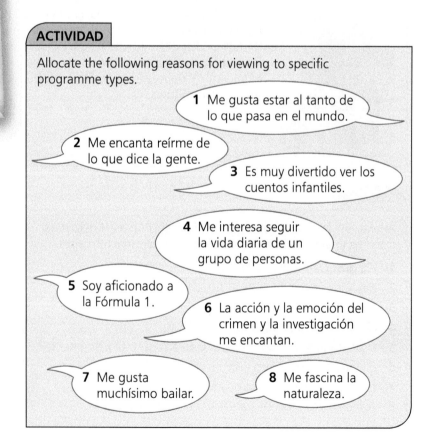

1 Me gusta estar al tanto de lo que pasa en el mundo.

2 Me encanta reírme de lo que dice la gente.

3 Es muy divertido ver los cuentos infantiles.

4 Me interesa seguir la vida diaria de un grupo de personas.

5 Soy aficionado a la Fórmula 1.

6 La acción y la emoción del crimen y la investigación me encantan.

7 Me gusta muchísimo bailar.

8 Me fascina la naturaleza.

El cine

CINE MUNDO – Próximo estreno a partir del 3 de mayo

LA GUERRA de las Galaxias
Lo último en ciencia ficción

Sesiones:
De lunes a viernes: 14.00 16.00 18.30 21.00
Sábado y domingo: 15.00 17.30 20.00 y 23.00
Venta de entradas en la taquilla a partir de las 10 de la mañana

ENLACE

For more vocabulary relating to different types of films and TV programmes, see *Más vocabulario* pages 102–103.

ACTIVIDAD

Put the following sentences in order, to make a dialogue between three friends who are organising a cinema visit.

1 Martín: ¡Qué lástima! No me gusta mucho el teatro, prefiero el cine y me encanta la ciencia ficción. Además, creo que el protagonista principal es un muy buen actor. ¿A qué hora es la sesión?

2 Alfonso: Sí, buena idea porque es una película muy popular.

3 Ignacio: Hola Martín, Alfonso. ¿Qué tal?

4 Martín: Sí, me gustaría mucho. ¿Qué están pasando?

5 Ignacio: Bueno, delante del cine a las nueve menos diez.

6 Martín: Bien, gracias. ¿Y tú?

7 Alfonso: Yo no puedo. Lo siento, pero mis padres me llevan al teatro con ellos, para ver la nueva obra en el Teatro Central.

8 Ignacio: Sí. Adiós. Hasta luego. ¡Y que lo pases bien en el teatro, Alfonso!

9 Martín: Aquí tienes. ¿Dónde nos vemos y a qué hora?

10 Ignacio: ¡Qué pena, Alfonso! Bueno, hay una sesión a las nueve de la noche.

11 Martín: Perfecto. Hasta mañana entonces.

12 Alfonso: Gracias. Hasta pronto.

13 Ignacio: Muy bien. ¿Quieren ir al cine mañana?

14 Martín: ¿Cuánto valen?

15 Ignacio: *La Guerra de las galaxias.* Es la última película de ciencia ficción.

16 Martín: Perfecto. ¿Vas a sacar las entradas antes?

17 Ignacio: Con el descuento de estudiantes, son veinte pesos.

REPASO

En la taquilla.

Fill in the gaps in the following conversation, using the words from the box.

noche	pesos
mejores	entradas
gracias	estudiantes
sesión	primera

Taquillera: ¿En qué puedo servirle?

Ignacio: Quisiera dos _____ para la _____ de las nueve de la _____, mañana, 12 de mayo.

Taquillera: ¿Dónde prefieren sentarse?

Ignacio: Bueno, los _____ asientos que haya.

Taquillera: Aquí tienen, dos en la _____ fila. ¿Son estudiantes?

Ignacio: Sí, los dos somos _____.

Taquillera: Entonces, son cuarenta _____.

Ignacio: Aquí tiene.

Taquillera: Muchas _____. Aquí tiene las entradas.

Ignacio: Gracias. Adiós.

La lectura

- Learn how to talk about your reading habits.

ESTRATEGIAS

In this conversation the girls discuss various types of reading matter. Some of their comments about their reading habits, and the reasons for them, may well apply to you. Take time to study the conversation and use it as a base, to adapt if need be, when answering questions about your own reading habits.

Laura: Hola, amiga. ¿Qué hay? ¿Qué haces?

Silvia: Hola. Voy a comprarle el periódico a mi abuelo y después voy a llevárselo.

Laura: Yo nunca leo el periódico.

Silvia: Yo tampoco. Si quiero saber lo que pasa en el mundo veo las noticias en la televisión. Pero mi abuelo prefiere leerlas en el diario.

Laura: Sí, mis padres también lo compran. Pero yo no entiendo por qué. Si quieren saber algo pueden buscarlo en internet. La información está más actualizada, y puedes informarte sobre las cosas que de verdad te interesan.

Silvia: ¡Y cuántas revistas hay!

Laura: Ésas sí que me las compro de vez en cuando. Me encantan las revistas de la farándula que hablan de la vida de las estrellas y nos muestran el interior de sus casas y tal.

Silvia: Bueno, yo prefiero las que tratan de cosas específicas que me interesan como por ejemplo el atletismo o la equitación. Pero son bastante caras y yo no tengo el dinero para comprármelas muy a menudo. No me gustan nada las tiras cómicas. Las encuentro muy infantiles.

Laura: Yo no leo mucho. La verdad es que no tengo mucho tiempo, con los deberes, y luego tengo que entrenarme tres veces a la semana con el equipo de nétbol. Pero cuando estoy de vacaciones, entonces es cuando me gusta leer.

Silvia: ¿Qué recomiendas? Nunca sé si me va a gustar un libro o no.

Laura: Hace tiempo leí una novela policíaca muy buena, escrita por un autor norteamericano. Trataba de una pandilla de Nueva York que sólo hacía cosas buenas: por ejemplo ayudaban a los mayores a hacer las compras, o cuidaban a los menores en la calle, pero la policía los tenía como sospechosos de todos los crímenes del barrio.

Silvia: ¿Y cómo se llama ese libro?

Laura: Ya no me acuerdo, pero lo tengo en casa. Te lo presto si quieres.

Silvia: Sí, me gustaría leerlo.

Laura: Creo que van a hacer una película del libro. Creo que es mejor leer el libro antes de ver la película.

Silvia: Sí, yo estoy de acuerdo. Bueno, tengo que irme si quiero pasar por la casa de mi abuelo antes del colegio.

Laura: Vale, pues hasta luego. Y te llevo el libro al colegio mañana.

ACTIVIDAD

The following phrases are taken from the conversation. To what or to whom do the underlined pronouns refer?

1 comprar<u>le</u>
2 llevár<u>selo</u>
3 leer<u>las</u>
4 <u>lo</u> compran
5 buscar<u>lo</u>
6 <u>me las</u> compro
7 comprár<u>melas</u>
8 <u>lo</u> tengo
9 <u>te lo</u> presto
10 leer<u>lo</u>

GRAMÁTICA

Direct object pronouns

In the conversation we find many examples of direct object pronouns, some placed before the verb, others after. We have met them before (go back to page 31 if you need to refresh your memory).

We also see here some examples of indirect object pronouns – *me, te, le, nos, les* – meaning 'to me', 'to you' etc. Like the direct object pronouns, they go before the verb normally, but after the infinitive, positive commands and present participles.

When used together, the indirect object pronoun precedes the direct object pronoun.

Note *llevárselo* when two third person pronouns are used together; the first, the indirect object pronoun, becomes *se*.

REPASO

Practise answering the following questions.

1 ¿Lees mucho?
2 ¿Qué sueles leer?
3 ¿Cuándo lees el periódico?
4 ¿Compras revistas? ¿Cuáles?

¿Qué has hecho?

- Learn how to express what you have done recently.

Deportista del año

¿Quién será?

Para votar, entrega tu respuesta, antes del 11 de mayo,

diciendo lo que ha hecho tu candidato para obtener tu voto

Los resultados se sabrán en la última asamblea del año

Es la última asamblea del año. Los alumnos esperan en el aula principal, y mientras tanto conversan sobre quién va a ser el/la deportista del año.

Teresa: Yo creo que es Esteban. Ha marcado muchos goles en la temporada de fútbol. Y además es muy simpático.

Ángela: No, no estoy de acuerdo. La que ha trabajado más por el colegio es Patricia. Me parece que ha animado a muchos estudiantes a practicar deportes.

Patricia: Gracias, Ángela. Eres muy amable, pero yo he votado por Marcos. Acaba de romper el récord del colegio en el salto de altura.

Rafael: Para mí la mejor deportista es Sandra. Ella ha jugado al nétbol, al voleibol y acaba de ganar los cien metros en el campeonato intercolegial. Opino que se ha esforzado mucho este año.

Marcos: Ninguno de ustedes tiene razón. Estoy seguro de que han escogido a Bernardo – es el mejor. Ha hecho de todo este año.

Teresa: Bueno, vamos a saberlo pronto. Aquí viene el director.

Director: Están todos esperando con paciencia. Y me da un gran placer decirles que el premio al mejor deportista del año es para ... Teresa Santos. Ven, Teresa, a recibir la Copa.

Todos: ¡Teresa! ¡Enhorabuena! ¡Felicitaciones! ¡Qué bien!

Director: Te felicito, Teresa. ¿Me permites hacerte algunas preguntas?

Teresa: ¡Cómo no!

Director: En tu opinión, ¿qué has hecho para merecer el premio?

Teresa: De verdad, ha sido una gran sorpresa. Hay muchos que lo merecen. Pero supongo que es porque me he entrenado diariamente. He apoyado a todos los equipos, he asistido a todos los partidos de nétbol y de hockey, y he jugado en la mayoría de los partidos. Hemos ganado más de los que hemos perdido pero lo hemos hecho en equipo y esto es lo importante.

Director: ¿Desde hace cuánto practicas el deporte?

Teresa: Juego al hockey y al nétbol desde hace ocho años. Pero el deporte en general me entusiasma desde hace mucho tiempo, gracias a mi familia que me ha introducido a muchos de ellos.

Director: Bueno, muchas gracias Teresa. Y creo que la modestia que acabas de mostrar nos confirma que has merecido la Copa a la mejor deportista del año.

GRAMÁTICA

Perfect tense

We use the perfect tense to express what we have just done recently. Often when we use the perfect tense in English, we need to use it in Spanish.

It is composed of the conjugated verb *haber* (the auxiliary) and the past participle.

For details of the formation of this tense and of past participles, with a list of those verbs which are irregular, see Verb tables, pages 169–170, 172–174.

Por and *para*

We see examples of both *por* and *para* in the conversation above, for example *ha trabajado por el colegio, ¿qué has hecho para merecer el premio?*

Broadly speaking, *por* is used to convey cause or reason, *para* for purpose or futurity. *Por el colegio* – on behalf of the school, *para merecer* – in order to deserve.

Observe the use of *por* and *para* in the following questions.

¿Por qué lo has hecho? Why? For what reason? What caused you to do it?

¿Para qué lo has hecho? Why? For what purpose have you done it?

Acabar de + infinitive

To have just (done something)

Acaba de entrar en la clase. She has just come into the classroom.

When used in the imperfect – *Acababa de entrar* – it translates as 'she had just come in'.

Desde hace

We met the phrases we use to say how long we have been doing something (which we continue to do) on pages 90–91. It is important to remember that, though the action started in the past we are still doing it, so the verb we use in Spanish is in the present tense, for example *Practico el deporte desde hace mucho tiempo*.

REPASO

1 ¿Qué has hecho esta mañana?
2 ¿Cómo has venido a clase/ has vuelto a casa hoy?
3 ¿Qué has comido hoy?
4 ¿Con quién has hablado?
5 ¿Adónde has ido recientemente?

Los clubes – ¡me apunto!

OBJETIVOS

• Learn how to apply to join a club, to enable you to pursue your hobbies or interests.

VOCABULARIO

apuntarse – *to enrol in something, to join*

Si quieres seguir un interés, y desarrollar un pasatiempo deberías hacerte socio de un club. Hay clubes en muchos colegios y también fuera del colegio en los pueblos y en las ciudades. Es una buena manera de conocer a gente con los mismos gustos e intereses, y de aprender más sobre lo que te gusta.

A veces quieren que rellenes un formulario, para dar más detalles de lo que quisieras hacer en el club.

Nombre(s) .... Apellidos ....

Dirección ....

....

Edad .... Fecha de nacimiento (día/mes/año) ....

Dirección ....

Colegio ....

¿Cómo te enteraste de nuestro club? ....

Intereses principales

....

¿Desde hace cuándo participas en estas actividades?

....

¿Por qué quieres hacerte socio de nuestro club?

....

Firma ....

Permitimos a nuestro/a hijo/a asistir al club de juventud.

Firma de los padres

....

Ana quiere hacerse socia del club juvenil de su pueblo. La invitan a hablar con el líder.

Juan: Hola, Ana. ¿Cómo estás? Soy Juan, el líder de este club. Siéntate.

Ana: Gracias.

Juan: ¿Cómo te enteraste de nuestro club?

Ana: Bueno, el otro día en casa un amigo de mi hermano mayor hablaba de lo que hacía aquí.

Juan: ¿Ah sí? ¿Cómo se llama?

Ana: Fernando Gómez.

Juan: Sí, lo conozco bien. Juega muy bien al ping-pong. Y dime, ¿cuáles son tus intereses?

Ana: Me encantan los deportes de equipo sobre todo porque me gusta jugar con otra gente con un espíritu común. También me gustan mucho las artes plásticas como la pintura y la cerámica, y me gustaría tener más oportunidades de hacer estas cosas, y con amigos en un ambiente sociable.

Juan: ¿Sabes ya pintar y hacer cerámica?

Ana: Sí, sé pintar pero me hace falta más práctica. Pero no he hecho nunca nada de cerámica.

Juan: ¿Y sabes que estamos aquí los martes y los jueves, de las siete a las diez? Hay actividades deportivas hasta las ocho y media, y luego hay las actividades prácticas. ¿Te interesa el teatro? A veces montamos obras de teatro.

Ana: Sí, el año pasado actué en una obra.

Juan: Bueno, ¿me puedes rellenar este formulario y tráermelo la semana que viene? Puedes empezar el martes si quieres.

Ana: Sí, me gustaría mucho. Muchas gracias. Hasta el martes que viene.

ACTIVIDAD

Contextual dialogue

You are joining a new sports club. The first time you attend you start chatting with another member. Using 80–100 words, complete the dialogue with your new friend, making sure to include the following:

i   Greetings and identification
ii Details of your particular interests
iii Your previous experience with these interests
iv What you hope to achieve
v   Farewells

ALBERTO: Hola. No te conozco. ¿Eres un socio nuevo?

YO: ....

ALBERTO: Mucho gusto. ¿Cuáles son tus intereses?

YO: ....

ALBERTO: Y ¿cuánto hace que los practicas?

YO: ....

ALBERTO: ¿Qué quieres hacer en el club?

YO: ....

ALBERTO: Pues, me parece muy bien. Espero que todo te vaya bien. Nos veremos, seguro.

YO: ....

GRAMÁTICA

Saber vs. conocer

le conozco bien – I know him well

sé pintar – I know how to paint

We translate both of these verbs as 'to know' in English. However, there is a difference in use in Spanish. *Conocer* is used in the context of knowing or being acquainted with a person or place. *Saber* is used for knowing a fact, or knowing how to do something, for example *Conozco Nueva York, es mi ciudad favorita. ¿Sabes cuántos habitantes hay en Nueva York? Yo sé que hay unos ocho millones.*

Note, both verbs are irregular in the first person singular present tense.

Conocer can also be used to mean 'to meet (for the first time)', for example *conocí a mi novio en el club juvenil/el club de jóvenes.*

Hablando de mi tiempo libre

As in the other units, this feature provides a sample exposé on the free time activities of various people. It can be used as a passage for straight reading comprehension practice, as a text for reading aloud, and as a base for you to prepare a piece about the pastimes of yourself, your family and your friends.

Always read through the passage first, for general meaning. It may help to underline those words with which you are not familiar, so you can return to them directly. Think of the context and study the word carefully. Are there any clues? Does some of it remind you of another word? Which? Does the meaning of that word make sense in the context of the piece? See below for more ideas on how to work out the meaning of words you haven't met.

1 Does the word begin with a vowel, followed by 's' and a consonant (for example *estudio, escuela*)? If you remove the vowel, it may help you to recognise the word. Try this with *esqueleto, escándalo, escarlata, especie, estadística*.

*¡Qué día tan **e**spléndido!*

2 The endings *–dad* and *–tad* most often translate as *–ty*, for example *tranquilidad* = tranquility, *libertad* = liberty.

3 The ending *–mente* often translates as *–ly*, for example *rápidamente* = quickly.

4 An *i* or *ia* in a Spanish word can often represent y in an English word, for example *sistema* = system, *farmacia* = pharmacy.

5 Note also those words which are similar to English ones, for example *controlar, indicar, acción* and many more.

El otro día estuve solo en casa. Estaba harto porque quería jugar al ajedrez* pero no había nadie con quien jugar. Mi madre canta en un coro y estaba ensayando para un concierto que tienen el mes que viene. Mi padrastro aprende a jugar al golf desde hace seis meses, y dos veces a la semana va al campo de prácticas.

En el cine del pueblo ponen una comedia romántica. A mi hermana le encantan esas películas, y esa tiene uno de sus actores favoritos como protagonista principal, así que fue al cine con sus amigas. Yo no quise ir porque detesto las comedias románticas.

Llamé a mi amigo Antonio para ver si quería venir a jugar, pero no estaba. Su madre me dijo que había ido a ver el partido de baloncesto en el polideportivo. Luego supe que mi amigo Eduardo tampoco podía venir porque él juega en el equipo de baloncesto del polideportivo. Mis amigas no quisieron venir porque tienen clase de salsa.

Pensaba ir a casa de los abuelos, porque a mi abuelo le gusta jugar al ajedrez, pero mi abuela dijo que había salido a jugar a bolos. Ella no sabe jugar, y además, tenía que coser algo para mi primo.

Llamé a Felipe. Él tampoco quiso venir porque estaba viendo el partido de fútbol en la tele, pero me sugirió el internet. Me conecté y busqué 'ajedrez' en el buscador. Aparecieron varios sitios web, uno de los cuales propuso un juego con alguien en el extranjero. Me inscribí y conocí a un chico de California con el mismo nivel de experiencia que yo. Jugamos tres horas juntos, y ahora sé que nunca me faltará con quien jugar.

jugar al ajedrez = to play chess

REPASO

Answer the following questions in English, using full sentences to answer each question.

1 How did the narrator feel? (1)
2 Why did he feel that way? (2)
3 Why were his mother's choir rehearsing? (1)
4 Where does his stepfather go twice a week? (1)
5 Give two reasons for his sister to go to the cinema. (2)
6 Why wasn't Antonio at home? (1)
7 How did this remind the narrator about Eduardo? (2)
8 Why didn't the girls from his group of friends want to go? (1)
9 Who had gone bowling? (1)
10 How was the narrator's grandmother going to spend her time? (2)
11 How did Felipe help? (1)
12 Why was the player from California a good match? (1)

Los deportes y otras palabras relacionadas

(see pages 82–85)

la actividad – *activity*

anotar un gol – *to score a goal*

el árbitro – *referee*

arrojar – *to throw*

el/la atleta – *athlete*

el atletismo – *athletics*

el balón – *ball*

el baloncesto – *basketball*

el voleibol – *volleyball*

el bañador *(used in Spain only)*/el vestido de baño/el traje de baño – *swimsuit*

la bicicleta – *bike*

el billar – *billiards*

las botas – *boots*

los calcetines /las medias – *socks*

la camiseta – *T-shirt*

el/la campeón/campeona – *champion*

el campeonato – *championship*

el campo – *pitch, field*

la caña de pescar – *fishing rod*

la cancha – *court*

la carrera – *race*

celebrarse – *to take place*

el centro polideportivo – *sports centre*

el chandal/la sudadera – *tracksuit*

el ciclismo – *cycling*

el/la ciclista – *cyclist*

la competición – *competition*

el concurso – *competition*

la copa mundial – *world cup*

correr – *to run*

echar – *to throw*

empatar – *to draw (a game)*

entrenarse – *to do training*

el equipo – *team*

la equitación – *horse riding*

el/la espectador(a) – *spectator*

el esquí (acuático) – *(water) skiing*

el estadio – *stadium*

una falta (en fútbol) – *a foul*

el fracaso – *failure*

el fútbol – *football*

el futbolín/el fútbol de mesa – *table football*

el/la futbolista – *footballer*

ganar – *to win*

el gol – *goal*

la gorra – *cap*

el/la hincha – *fan*

las instrucciones – *instructions*

el juego – *game*

el/la jugador(a) – *player*

lanzar – *to throw*

lesionarse – *to injure oneself*

la liga – *league*

marcar/hacer un gol – *to score a goal*

el miembro – *member*

montar a caballo – *to go horse riding*

nadar – *to swim*

la natación – *swimming*

el pantalón corto – *shorts*

participar – *to take part*

el partido – *match*

la pelota – *ball*

perder – *to lose*

la pesca – *fishing*

el ping-pong – *table tennis*

la piscina – *swimming pool*

la portería – *the goal (goalpost)*

el portero/el arquero – *the goalkeeper*

el premio – *prize*

la red – *net*

el resultado – *result*

saltar – *to jump*

la selección – *team*

el socio – *member*

la temporada – *season*

el tenis – *tennis*

el/la tenista – *tennis player*

el terreno – *pitch*

el torneo – *tournament*

la vela – *sailing*

vencer – *to beat*

el vestuario – *changing room*

el windsurf – *windsurfing*

las zapatillas de deporte/los zapatos deportivos – *sports shoes*

Otros pasatiempos

(see pages 88–95)

la actriz – *actress*

la banda – *band*

la bolera – *bowling alley*

los bolos – *bowling*

la cámara – *camera*

la canción – *song*

las castañuelas – *castanets*

la ciencia ficción – *science fiction*

el cine – *cinema*

la cocina – *cookery*

la colección – *collection*

la comedia – *comedy*

el concierto – *concert*

el conjunto – *group*

el coro – *choir*

el corte y confección – *dressmaking*

el diario – *newspaper*

los dibujos animados – *cartoons*

el documental – *documentary*

el episodio – *episode*

la estrella de cine – *film star*

la exposición – *exhibition*

la fila – *row*

la flauta – *flute*

la fotografía – *photography*

gozar – *to enjoy*

el grupo – *group*

la guitarra – *guitar*

el instrumento – *instrument*

la lectura – *reading*

el monopatín/la patineta – *skateboard*

la música fuerte – *loud music*

el/la músico/a – *musician*

las noticias – *news*

la novela – *novel*

la obra de teatro – *play*

la orquesta – *orchestra*

la pantalla – *screen*

el parque de atracciones – *theme park*

la película – *film*

la película de amor – *romantic film*

la película de aventuras – *adventure film*

la película de miedo – *horror film*

la película del oeste – *western*

la película policíaca – *detective film*

el periódico – *newspaper*

el piano – *piano*

la prensa – *press*

el programa – *programme*

la publicidad – *advertising*

los ratos libres – *free time*

la revista – *magazine*

la sesión – *showing, performance*

el teclado – *keyboard*

el telediario – *TV news*

la telenovela – *soap opera*

las tiras cómicas – *comic strips*

el violín – *violin*

el zoológico – *zoo*

Los verbos relacionados con el ocio

(see pages 88–95)

bailar – *to dance*

cantar – *to sing*

coleccionar – *to collect*

coser – *to sew*

dar un paseo – *to go for a walk*

divertirse – *to enjoy oneself*

leer – *to read*

pasarlo bien – *to have a good time*

patinar – *to skate*

pescar – *to fish*

pintar – *to paint*

sacar fotos – *to take photos*

tocar – *to touch, to play*

Part A – Listening comprehension
Section II

In this section of the exam you will hear a number of sentences. Each sentence will be read twice and will be followed by one question or incomplete statement. Four suggested answers for each question are printed. For each question choose the answer which **best** completes the statement or question. For example, you might hear *Mamá, ¿puedo ir a la piscina?* and see *¿Qué quiere hacer este chico?* *(a) patinar (b) nadar (c) jugar al golf (d) tocar el piano.* The correct answer is b.

Now attempt the following.

1 *Mamá, ¿has visto mi traje de baño?*

¿Adónde va este niño?

a a la bolera   **b** al cine   **c** a la playa   **d** a la plaza

2 *¿Has leído estas noticias?*

¿Qué está leyendo esta persona?

a un diario   **b** un libro   **c** una tiras cómicas   **d** una novela

3 *¿Quieres ver la telenovela ahora?*

¿Dónde están estas personas?

a en la biblioteca   **b** en el cine   **c** en el polideportivo   **d** en casa

4 *Acaban de cantarlo. ¡Qué orgullosos estamos!*

¿A qué se refiere esta persona?

a al himno nacional   **b** a la salsa   **c** al reggaetón   **d** al tango

5 *Lo juego de vez en cuando.*

¿De qué habla esta persona?

a la natación   **b** el tenis   **c** el ciclismo   **d** la vela

(5 marks)

Section III
Contextual announcement

Use the following information to write an announcement of about 80–100 words in Spanish.

You are on the committee of the local sports centre. You are organising an Open Day, when local residents are invited to come and try out the activities on offer. Write the announcement which will appear in the local paper to advertise the day.

Responses to all the cues indicated below must be included in the announcement.

i The name and address of the sports centre

ii The invitation, stating the day and time

iii What activities are on offer

iv Why people should come along

v Contact information

(Total 20 marks)

Oral – Reading passage

Leisure time

El ocio* es muy importante hoy en día. Vivimos en una sociedad en que hay que trabajar mucho, y el tiempo libre nos da la oportunidad de encontrar el equilibrio necesario en la vida. Las actividades físicas nos ofrecen una manera de mantenernos en forma, pero a la vez pueden ser muy sociables. Pero también nos hace falta mantenernos en forma mentalmente, y juegos como el ajedrez nos facilitan este ejercicio mental. Las actividades manuales, como el coser, tejer y pintar proporcionan la oportunidad de desarrollar las destrezas manuales además de dar salida a las cualidades artísticas de las personas. Además son habilidades muy útiles, que nos pueden servir si, por ejemplo, hay que reparar algo en casa, coser un botón, o decorar una habitación.

*el ocio = leisure   (117 words)

(Total 10 marks – awarded on the basis of pronunciation, fluency and intonation)

OBJETIVOS

• Learn to talk about where you can buy a range of items.

Marisa y Lara van de compras a la ciudad. Es la última semana en el colegio para su querida profesora y quieren comprarle un regalo de parte de toda la clase.

Marisa: ¿Cuánto tenemos? A ver.

Lara: Son treinta dólares. Con esto podemos comprarle algo muy bonito. Vamos al centro comercial. Ahí hay muchas tiendas de todo tipo.

Marisa: Le encantan las flores. ¿Hay una floristería? ¿O sería mejor ir al mercado?

Lara: No hace falta. Mira, aquí mismo hay una floristería, al lado de la farmacia.

Marisa: ¡Qué preciosos estos geranios! Y mira los claveles. ¿Te gustan esas rosas?

Lara: Sí, pero las flores no son permanentes, sólo duran un rato. ¿Qué te parece si le compramos un perfume? ¿En la farmacia venden perfumes?

Marisa: No lo creo. Los perfumes se venden en los grandes almacenes. Además, el perfume es una cosa muy personal y no sabemos cuál le gusta.

Lara: Tienes razón. Bueno, vamos al centro comercial a ver si encontramos algo mejor.

En el centro comercial

Marisa: Le gusta leer. Entremos en la librería a ver lo que tienen.

Lara: ¿Le gustará esta biografía? Es de uno de sus cantantes favoritos.

Marisa: Sí, quizás. O ¿por qué no este calendario? Tiene unas fotos muy bonitas de las islas del Caribe.

Lara: Sí, me gusta, pero no estoy segura. Sigamos ... vamos a la tienda de discos. Le podemos comprar un disco de ese cantante.

Marisa: A lo mejor los tiene todos.

Lara: Vamos a la tienda de modas entonces, quizás le podríamos comprar algún accesorio.

Marisa: Sí, ahí venden bolsos, pañuelos, ... vamos a ver.

Lara: ¿Qué color le cae mejor? ¿El rosado? ¿El azul?

Marisa: Pues, a menudo lleva ropa de color verde o amarillo, ¿no?

Lara: No lo creo. Pero si no estamos de acuerdo es difícil comprarle algo aquí.

Marisa: ¿En aquella tienda de comestibles, no venden chocolates?

Lara:	Sí, pero siempre está a dieta. No nos lo agradecerá.
Marisa:	O esa tienda, mira, 'Cosas para el hogar'. A ver si tienen algo.
Lara:	Buena idea ... ¿qué te parece esta tetera, con un juego de tazas? Le encanta tomar té.
Marisa:	¿Qué vale?
Lara:	Son cuarenta dólares. ¡Qué lástima! Es perfecta pero no nos alcanza el dinero.
Marisa:	Ya estoy harta. ¿Vamos a tomar algo?
Lara:	Sí, ¿cómo no?

GRAMÁTICA

Note the use of *se vende(n)* – a common example of the reflexive *se* construction (see pages 84–85). Pay attention to the difference between *se vende perfume* and *se venden bolsas*. The verb is in the singular or plural according to the subject (perfume is sold, bags are sold).

Note also the use of the subjunctive in the first person plural, to convey the idea of 'Let us ...', for example *entremos, sigamos*. For the formation of the subjunctive, see Verb tables, page 181.

Demonstrative adjectives are useful when pointing out different things ('this ... ', 'that ...', 'the ... over there').

this ..., these ...	este ...	esta ...	estos ...	estas ...
that ..., those ...	ese ...	esa ...	esos ...	esas ...
that ... over there, those ... over there	aquel ...	aquella ...	aquellos ...	aquellas ...

In this conversation we see a number of examples: *este calendario, estos geranios, esa tienda, aquella tienda.*

REPASO

The following words are related to more familiar and more frequently used words in Spanish. You may not recognise them, but can you guess their approximate meaning? Try to think of the Spanish word that is similar to them, then try and work out whether the word printed here is a verb, adjective or noun. That will help you find the meaning. After, use a dictionary to find out if there are other related words.

For example, *imposibilidad* is like *imposible*. –*dad* at the end of a word often equates to '–ty' in English, so *imposibilidad* means 'impossibility', a noun. Another related word is *imposibilitar*, which from its ending –*ar*, we can assume is a verb. It means 'to make impossible'.

1 probabilidad	**2** ruidoso
3 panecillo	**4** pescador
5 arenoso	**6** lluvioso
7 limpieza	**8** desviación

Many shop names are recognisable from having a similarity to English, for example *la farmacia, la floristería* and/or reflecting what they sell, for example *la floristería, la carnicería, la librería*. Many, as you will see, end in –*ería*. For a full list of shop names, see *Más vocabulario*, page 130.

Associated vocabulary will include the products, and often the profession of the shopkeeper.

For example *la carnicería, la carne, el carnicero*

la panadería, el pan, el panadero

la frutería, la fruta, el frutero

la pescadería, el pescado, el pescadero

These word groups and associations can be really helpful when you are faced with unfamiliar vocabulary, for example if you know the word *zapatos*, you can guess what they sell in a *zapatería*. Likewise, you may be able to deduce that a *peluquero* would work in a *peluquería*.

En el restaurante

- Learn how to deal with restaurant situations.

REPASO

Contextual announcement
Use the following information to write an advertisement of about 80–100 words in Spanish. Your uncle and aunt are opening a new restaurant in a nearby town. You offer to help and they ask you to design an advertisement for the local newspaper. All of the following details must be included:

i Name and location of the restaurant

ii Type of food

iii Opening hours

iv Prices

v Contact details for reservations

Marisa:	¡Uf, estoy cansadísima!
Lara:	Y yo estoy agotada.
Marisa:	¿Qué quieres hacer? ¿Por qué no vamos al restaurante a comer, y reponer fuerzas? Es más caro que el autoservicio en la cafetería, pero es más cómodo.

En el restaurante

Marisa:	¿Tiene una mesa para dos?
Camarera:	¿Tienen una reserva?
Marisa:	No, no tenemos.
Camarera:	Un momento. Ah, sí, hay una mesa libre aquí, o ésa cerca de la ventana.
Lara:	Me da igual.
Marisa:	Vamos a la de la ventana. Es más interesante y hay más luz.
Camarera:	Aquí tienen el menú. Vuelvo en seguida ... ¿Han decidido ya?
Marisa:	Voy a tomar una ensalada de atún. Me apetece algo fresco.
Lara:	Y yo quiero una hamburguesa, con papas fritas.
Camarera:	Lo siento muchísimo, señoritas, pero no nos quedan ni hamburguesas ni atún.
Marisa:	¡Ay, qué día más frustrante!
Lara:	¡Qué pena! ¿Qué hay entonces?
Camarera:	Tenemos unas pastas deliciosas ... y el pescado es muy fresco.

GRAMÁTICA

Demonstrative pronouns
On pages 106–107 we met demonstrative adjectives. In this conversation we have an example of a demonstrative pronoun, which can be used to avoid repetition of the noun, i.e. *ésa cerca de la ventana* (that one – the table – near the window).

this one, these ones	éste	ésta	éstos	éstas
that one, those ones	ése	ésa	ésos	ésas
that one over there, those ones over there	aquél	aquélla	aquéllos	aquéllas

Comparisons (bigger than, taller than)
These are made using the construction *más* + adjective + *que*, for example *más caro que*.

Superlatives (the biggest, tallest)
These are expressed in Spanish as *el/la/los/las más* + adjective + *de*, for example *el más grande de la clase*.

Note the irregulars:

bueno, mejor, lo/el/la/los/las mejor(es)

malo, peor, lo/el/la/los/las peor(es)

Endings can be added to most adjectives to make a 'superlative' form, for example *cansadísima* (extremely tired), *buenísimo* (extremely good). The final vowel is taken off, if there is one, and the *-ísimo* ending added.

When we wish to make a comparison of equality, that is to say something is 'as ... as' something else we use the construction *tan ... como*.

Marisa:	¡Qué barbaridad! No me apetecen ni la pasta ni el pescado.
Lara:	¿Por qué no nos vamos a la hamburguesería de al lado? Ahí hacen ensaladas también. Tomamos algo para llevar y nos sentamos en un banco en la plaza para almorzar.
Marisa:	Sí, vámonos.

En la hamburguesería

Lara:	Déme una hamburguesa con queso y unas papas fritas, por favor.
Empleado:	¿Una ración grande, mediana o pequeña?
Lara:	Mediana, por favor.
Empleado:	¿Y para beber?
Lara:	Una gaseosa mediana.
Marisa:	¿Y qué ensaladas tienen?
Empleado:	Tenemos de queso, de jamón, de pollo, y de atún.
Marisa:	Pues, ¡qué suerte! Para mí, una ensalada de atún, con un jugo de naranja, pero no me dé uno grande.
Empleado:	¿Algo más?
Lara:	No, es todo. ¿Qué le debemos?
Empleado:	Son cuatro dólares setenta y cinco en total, por favor.
Lara:	Tome. Aquí tiene, cinco dólares.
Empleado:	Gracias. Tome la vuelta, veinticinco centavos. Y tomen la comida y las bebidas.
Marisa:	Vámonos a la plaza y por fin podremos descansar un rato.

ACTIVIDAD

Contextual dialogue

You are planning a restaurant visit and call in advance to book dinner. Using 80–100 words, complete the dialogue you have with the restaurant owner, making sure to include the following:

i	Greetings	iv	Time for the reservation
ii	Date of the visit	v	Any special requests you have
iii	Number of diners	vi	Farewells

DUEÑO: Restaurante Girasol, dígame.

YO: _____

DUEÑO: Sí, ¿para cuántas personas?

YO: _____

DUEÑO: ¿A qué hora quieren cenar?

YO: _____

DUEÑO: ¿Prefieren una mesa al interior, o en la terraza? ¿Y tienen otras necesidades?

YO: _____

DUEÑO: Perfecto. Todo es posible.

YO: _____

DUEÑO: Adiós. Hasta luego.

GRAMÁTICA

Imperatives

Imperatives or commands are very useful in the context of shopping. We see here *deme, tome, no me dé, tomen*. For a full explanation of their formation see the Verb tables on pages 176–177. It is important to remember the following:

- Which register you are using, polite or familiar, and to keep using that consistently throughout the piece.
- Are you talking to one or more people?
- If you are using pronouns, remember they go **after** the positive commands – *dámelos* – and **before** negative imperatives – *no me des*.
- When giving a command using a reflexive verb, the reflexive pronoun follows the same rules as above, i.e. it goes **after** the positive command, for example *despiértate, levántate, vístanse de prisa, acuéstense temprano* and **before** negative commands, for example *no te levantes tarde, no se peinen en la cocina*.

Note, *dime* and *dígame* are said when answering the phone (literally, 'tell me'). For further telephone expressions, see *Más vocabulario* on page 131.

¿Qué quieres?

Marisa y Lara reciben un mensaje de texto de la madre de Lara mientras están comiendo en la plaza. Ella no puede hacer las compras para la cena y le manda a Lara la lista de comestibles que necesita.

Lara: Tenemos que ir al mercado o al supermercado, ¿cuál prefieres?

Marisa: Bueno, el mercado es más divertido, y las cosas ahí suelen ser más baratas. Pero en el supermercado hay de todo y si no ahorramos dinero, ahorramos tiempo.

Lara: Vale, vámonos. Pasamos cerca del mercado. ¿Por qué no vamos ahí primero a ver qué hay?

Marisa: Mira esa fruta. ¡Qué fresca es! Pero, ¿qué es esto?

Vendedor: Es una anona. Son de mi huerta. Las cogí esta mañana. Son muy ricas.

Lara: ¡Qué legumbres más raras! ¿Cómo se llaman?

Vendedor: Son malangas. También son buenísimas.

Lara: ¿De dónde son?

Vendedor: Ésas son venezolanas. ¿Cuánto quiere?

Lara: Lo siento. No están en la lista. Sólo puedo comprar lo que quiere mi mamá. ¿Tiene camotes?

Vendedor: Sí, cómo no. Y ñames también. ¡Miren estas calabazas!

Marisa: ¿Cuáles son mejores?

Lara:	Mi madre quiere camotes, o sea, deme un kilo de camotes.
Marisa:	Y al fondo del puesto, ¿qué son aquéllos?
Vendedor:	Hay caimitos, a la derecha hay chayotes y a la izquierda hay el árbol del pan.
Marisa:	¡Qué interesante! ¡Cuántas cosas hay!
Lara:	Sí, pero no podemos comprarlas todas. ¿Qué le debo?
Vendedor:	Es un dólar veinte centavos el kilo.
Lara:	Aquí tiene.
Vendedor:	Muchas gracias, adiós.
Lara:	Adiós. Gracias. Y ahora al supermercado.
Marisa:	¿Qué quiere tu mamá?
Lara:	Aquí dice un kilo de carne, pero no pone qué carne. No sé si quiere pollo, carne de res, cerdo o cordero.
Marisa:	¿Cuál prefieres tú?
Lara:	Me gusta mucho la carne de res, pero no sé si quiere solomillo, carne molida o carne de res para guisar.
Marisa:	¿Cuáles son los otros ingredientes?
Lara:	Quiere pimientos, cebollas, ajos, tomates, espaguetis, queso parmesano ...
Marisa:	Yo diría que quiere carne molida para hacer una salsa boloñesa, ¿no te parece?
Lara:	Sí, tienes razón. ¡Qué lista eres!

ACTIVIDAD

Oral situations

Respond in Spanish to each of the situations described in English.

1 Your mother asks you to buy some peppers. You need to know whether she wants red or green.

   a What do you ask?   **b** What does she reply?

2 In the market you see two different types of apple. You want to know which is the best.

   a What do you ask?   **b** What is the reply?

3 You don't recognise a vegetable on the market stall. You ask what it is.

   a What is your question?   **b** What is the response?

4 At the cake shop you see some delicious-looking fruit tarts, but you don't know which fruit is in them.

   a What do you enquire?   **b** What does the attendant reply?

5 You like to buy local goods. You ask the fishmonger where his fish is from.

   a What do you say?   **b** What does he answer?

ENLACE

For a full list of *flora*, including fruit and vegetables, which appear in the syllabus, see *Más vocabulario* pages 130–131.

REPASO

To help you revise the names of foodstuffs, write shopping lists which would enable you to make and serve the following dishes/meals.

1 un pastel
2 una pizza
3 arroz con pollo
4 una ensalada de frutas
5 el desayuno

In order to practise demonstrative pronouns, complete the following with the correct forms, as in the example.

For example: Me encanta la carne de res. Mira *ésta* aquí, ¡qué buena pinta tiene!

1 Me gustan las naranjas de ahí, al otro lado del puesto. ¿Cuáles?...

2 ¿Cuáles prefieres – los mangos de aquí o de allá? ...

3 La langosta es muy cara, pero me gusta mucho. Mira ... aquí, ¡qué fresca es!

4 ¿Cuál es el pescado más barato? Es ... allá.

¿Cómo lo quieres?

• Learn how to describe goods.

Lara y Marisa conversan sobre lo que tienen que comprar.

Marisa: ¿Te gusta el queso parmesano?

Lara: Sí, hasta cierto punto, pero lo prefiero rallado, con pasta. Es demasiado duro para comerlo sin rallar.

Marisa: Sí, pero se dice que es muy sano porque tiene menos grasa.

Lara: A mí me gustan los quesos blandos, como el queso de cabra.

Marisa: Hay un queso español, que es de leche de oveja. Se llama manchego porque viene de la región de La Mancha. Ése sí me gusta. Es duro, pero no demasiado. Es muy rico.

Lara: Vamos a la sección de frutas y legumbres. ¿Qué quiere mi mamá? Cebollas, ajos, pimientos, tomates ... Esas cebollas son muy grandes, ¿no?

Marisa: Sí, me parece que ésas son cebollas blancas que son menos fuertes. Se comen crudas con la ensalada. Sería mejor comprar aquéllas más pequeñas para cocinar.

Lara: Muy bien. ¿Y los ajos?

Marisa: Depende de cuántos quiere. Salen más baratos si los compras en una red de tres. Esos ajos sueltos son más caros.

Lara: Vale, compremos una red de ajos entonces.

Marisa: Y los pimientos también son menos caros si los compras en cantidad. Mira, hay una mezcla aquí de verdes, rojos y amarillos.

Lara: ¿Y qué te parecen éstos? El precio está reducido.

Marisa: Sí, pero ¿por qué? Hay dos que están podridos. Es mejor comprarlos al precio normal y poder usarlos todos.

Lara: Tienes razón. Ah, mira los mangos. Me encantan. ¿Cómo están?

Marisa: Están bastante maduros. Ésos serán deliciosos, muy
          dulces y jugosos. Y están en oferta. ¡Qué buen precio! Los
          compramos.

Lara: Sí, ¿cómo no? Es una ganga. Además a mi mamá también le
          gustan mucho los mangos. Estará encantada.

Marisa: ¿Qué más quiere tu mamá?

Lara: Tomates.

Marisa: ¿Éstos? Están un poco verdes.

Lara: No, los prefiere más maduros. Éstos tienen un sabor muy
          ácido. Y ahora vamos a la sección de carnicería.

ESTRATEGIAS

In any food shopping
situation, spoken or written,
you may have to say how
you prefer your goods – size,
colour, ripeness. The adjectives
you use must always agree
with the noun they describe in
gender and number.

ACTIVIDAD

Composition

Using the following outline as a guide, write in Spanish a
composition of 130–150 words and no more. Use the tense or
tenses appropriate to the task. You recently visited a market in a
foreign city, and were impressed by the sight of all the fruit and
vegetables on display. Write a composition in which you describe:

i   Where you went

ii Something very good that you saw, and what impressed you
    about it/them

iii Something less impressive, and explain why it was so

iv What you bought and tried, and how it tasted

REPASO

Reading comprehension

Each of the following sentences contains a blank space. Below
each one are four choices. Select the one which **best** completes
the sentence in each case.

1   ¡Qué … son estas manzanas!

    a roja **b** rojo **c** rojos **d** rojas

2   Me gustan más las zanahorias …

    a cocidos **b** crudas **c** podrido **d** jugoso

3   El apio es una legumbre muy …

    a sana **b** dulce **c** podrido **d** jugoso

4   Esta cebolla está muy … . Creo que está podrida.

    a buena **b** blanda **c** fresco **d** cara

5   ¿Quieres comprar el queso ya …?

    a picado **b** amarillo **c** bonito **d** rallado

6   ¿Cómo están los …? Están muy maduros.

    a cebollas **b** tomates **c** uvas **d** ajo

¿SABÍAS QUE …?

The words used for fruit and
vegetables vary considerably
throughout the Spanish-
speaking world. Avocado is *el
aguacate* in Spain and many
countries of Latin America, but
in Chile and Peru it is known as
la palta.

Fresas are 'strawberries'
in Spain and several other
countries, but in Argentina and
Chile they are know as *frutillas*.

Similarly, 'squash' is *calabaza*
in Spain and central South
American countries, but *zapallo*
in the more southerly ones.

¿Cuánto quieres?

• Learn how to ask for certain amounts of foodstuffs.

ESTRATEGIAS

There are various ways of requesting items when shopping – *quisiera, quiero, deme/dame,* and asking the price – *¿cuánto es/son?, ¿qué vale?, ¿qué le/te debo?* or quantities – *¿cuánta carne quiere tu mamá?*

ACTIVIDAD

Reading comprehension

Answer the following questions, which relate to the conversation, in full sentences in English.

1 Give the reasons why there may be two extra guests for dinner. (2)

2 Which meat is more expensive, according to Lara? (1)

3 Why does Marisa consider meat bought from the counter to be better? (1)

4 Where do they buy ham? (1)

5 What special request do they make? (1)

6 What does Marisa want next? (2)

7 Where does Lara suggest they go instead? (1)

Lara y Marisa van a la sección de carnicería.

Marisa: ¿Cuánta carne quiere tu mamá?

Lara: No sé. No lo dijo en su mensaje.

Marisa: ¿Cuántos son en casa para cenar?

Lara: Normalmente somos cinco, pero creo que han invitado al amigo de mi hermano. ¿Quieres venir tú?

Marisa: Gracias, me gustaría mucho, pero tendré que preguntarle a mi mamá. Pero de todas formas con un kilo de carne tendrás suficiente. Pero si quieres estar segura, compra kilo y medio.

Lara: ¿Y cuál es la mejor? Ésta tiene sólo un 10 por ciento de materia grasa, pero es más cara que aquélla que tiene un 20 por ciento.

Marisa: Yo creo que es mejor comprarla del carnicero en el mostrador, en vez de esta carne preempaquetada en el frigorífico. Él puede picarla fresca. Vamos a hablar con él.

Carnicero: Buenas tardes, señoritas. ¿En qué puedo servirles?

Lara: ¿Tiene carne molida?

Carnicero: No, pero se la puedo moler. ¿Cuánta quiere?

Lara: Déme un kilo y medio, por favor.

Carnicero: Sólo me queda un kilo con cuatrocientos gramos. ¿Será suficiente?

Lara: Creo que sí. ¿Qué vale?

Carnicero: Es a diez dólares el kilo. Voy a pesarla. Sí, son catorce dólares.

Lara: Muy bien. Y mamá necesita jamón también.

Carnicero: El jamón se vende en la sección de charcutería.

Lara: Vale. Muchas gracias.

Dependiente:
             ¿Les atienden, señoritas?

Lara: No, quisiera cuatro lonchas de jamón, por favor, pero cortadas bien finas.

Dependiente:
             Cómo no. Aquí tiene. ¿Algo más?

Lara: No, gracias. ¿Cuánto valen?

Dependiente:
             Pesa trescientos cincuenta gramos. Son cuatro dólares veinticinco.

Marisa: Me apetece *un trozo de* este queso azul, *o una ración de* estas aceitunas.

Lara: Ya tenemos todo. No nos hace falta nada más. Vamos a la caja.

In the oral reading passage, pay special attention to the following:

- Longer words like *preempaquetada*. Practise pronouncing this word well in advance, making sure to include all the syllables.
- Words which include sounds like *j*, for example *elegir, ventaja, junto, empaquetaje*.
- Diphthongs (2 vowels together). Both sounds need to be pronounced, but, in many cases, they can run into each other, for example *suele [swele], inconvenientes [inkonvenyentes]*.
- 'H' is silent, for example *hay, haber, ahorra*.
- Note where there are accents (stress marks), and place the intonation on that syllable, for example *plástico*.
- Know the rules for stress when no stress mark is written. (See pages 184–185.)
- Note how the pronunciation of a word such as *comerciante* contains both 'hard' and 'soft' 'c' sounds [komairseeantay].

una caja de cereales · un litro de aceite · una barra de pan · jamón $2 los 100 gramos · una docena de huevos · una lata de salchichas

una barra de mantequilla · un litro de leche en cartón · un litro de jugo en cartón · una jarra de mermelada · un paquete de café · un paquete de té · queso $3 los 100 gramos

un kilo de azúcar · un kilo de harina · un paquete de galletas · una botella de vino · una bolsa de papas fritas · una botella de coca-cola

REPASO

Choose a suitable word for the quantity or container for each of the following items, for example *vino – una botella de*. Note, there may be more than one possible answer.

arroz, galletas, aceite, cebollas, queso, tarta, papas fritas, guisantes, jamón, zanahorias

VOCABULARIO

un kilo de – *a kilo of*
medio kilo de – *half a kilo of*
quinientos gramos – *500 grams*
un trozo de – *a piece of*
una ración de – *a portion of*
Other ways of expressing quantities include ...
un litro de – *a litre of*
medio litro de – *half a litre of*
una botella de – *a bottle of*
una lata de – *a tin of*
un bote de – *a can of*
una caja de – *a box of*
un paquete de – *a packet of*
una bolsa de – *a bag of*
una red de – *a net of*
una barra de – *a bar/loaf of*

ACTIVIDAD

Oral reading passage

Cuando vamos de compras tenemos que elegir si vamos al mercado, a las tiendas pequeñas, o a los grandes supermercados. Hay muchas ventajas de ir al supermercado. Suele haber una gran variedad de productos, todos bajo el mismo techo y normalmente es fácil aparcar. Pero también hay inconvenientes. La mayoría de los productos frescos está preempaquetada, y junto con las muchas bolsas de plástico que usamos, significa que se produce mucha basura de una visita al supermercado. Si, por el contrario, vamos a las tiendas de nuestro barrio, o al mercado, ayudamos a los pequeños comerciantes, no gastamos tanto en gasolina, se compran las cosas sueltas y no tenemos que comprar grandes cantidades que no necesitamos, y finalmente, usan menos plástico en el empaque. En total se ahorra mucho. (128 words)

OBJETIVOS

• Learn how to deal with large numbers, and do more practice with *por* and *para*.

En la caja

Cajero: Hola, buenas tardes. ¿Todo bien?

Lara: Sí, gracias. ¿Cuánto es todo?

Cajero: Son cuarenta y cuatro dólares con cincuenta y siete centavos, por favor.

Lara: ¿Cómo puede ser? Sólo tengo cuarenta dólares.

Cajero: Sí, es correcto. Mire el tiquet.

Marisa: No te preocupes. Te presto los cinco dólares que faltan.

Lara: Gracias, Marisa. ¡Ay, qué vergüenza! Es la culpa de mi madre por haber tenido que hacer yo la compra. La voy a llamar.

Marisa: No es nada, puedes devolvérmelos mañana.

Lara: No, le voy a decir a mi madre que te los devuelva en cuanto lleguemos a casa.

Lara llama a su madre.

Madre de Lara:
      Sí, dígame.

Lara: Hola, mamá. Soy yo, Lara.

Madre: ¿Qué tal? ¿Has hecho la compra?

Lara: Sí, mamá, pero no tenía suficiente dinero. He tenido que pedir prestados cinco dólares a Marisa.

Madre: Lo siento. No sabía que la cuenta llegaría a más de cuarenta dólares. Se los doy a Marisa en cuanto la vea. ¿Vas ahora para casa?

Lara: Sí, ahora vamos. Hasta pronto.

Marisa: ¿Sabes por qué no te alcanzó el dinero? Es por los mangos que hemos comprado. Pagamos casi cinco dólares por ellos, y no estaban en la lista.

Lara: Tienes razón. Y ahora le he hecho el reclamo a mi madre por nada.

Marisa: Nos disculparemos cuando la veamos.

Lara: Sí, y estará contenta de tener algo para darnos de postre.

Each of the following sentences contains a blank space. Below each one are four choices. Select the one which **best** completes the sentence in each case.

1 Vamos a Miami ... ver a los tíos.

   a para **b** por **c** en **d** hasta

2 Le dio quince dólares ... el trabajo que hizo.

   a donde **b** por **c** para **d** luego

3 Es un regalo ... mi amigo.

   a por **b** para **c** a **d** en

4 Quiero un helado, ... favor.

   a para **b** por **c** a **d** al

5 Pasamos ... el centro.

   a para **b** por **c** a **d** en

6 No se puede ver ... la falta de luz.

   a en **b** porque **c** a causa de **d** para

7 Hace frío ... hace viento.

   a al **b** porque **c** a causa de **d** para

8 No salí ... mis padres no me dejaron.

   a por **b** porque **c** a causa de **d** para

9 No salí ... mis padres.

   a a **b** porque **c** a causa de **d** para

10 Está en París ... quiere mejorar el francés.

   a por **b** porque **c** a causa de **d** para

11 Está en París ... mejorar el francés.

   a por **b** porque **c** al **d** para

12 Está en París ... sus padres quieren que mejore el francés.

   a a **b** porque **c** a causa de **d** para

Match the following numbers to their corresponding detail. Practise saying the numbers aloud.

1492	1126 kilómetros
500 gramos	un dólar
2016	el milenio
2000	año en que Cristóbal Colón llegó a las Américas
100 centavos	medio kilo
700 millas	los Juegos Olímpicos de Rio de Janeiro

Numbers

On pages 6–7, numbers were introduced. On the previous pages 114–115 we met numbers larger than 100. In the context of shopping and spending money these large numbers are important. For a full list, see page 26.

Points to remember include ...

- Some hundreds are irregular: *quinientos, setecientos, novecientos.*

- Hundreds must agree with their subject, for example *doscientas chicas.*

- *Ciento* becomes *cien* when placed before a noun, for example *cien libros.*

- How to say dates: *Nací el 2 de agosto de mil novecientos noventa y ocho*, but, when starting a letter, the date is expressed **without** the article, for example *Miami, 2 de agosto de 2013*. The numerals do not need to be expressed in words.

Por and *para*

More examples are seen here of the use of *por* and *para*.

por haber tenido que hacer la compra (because of having to do the shopping)

por los mangos (because of the mangos)

pagamos cinco dólares por ellos (for – in exchange for – them)

por nada (for no reason/cause)

¿vas para casa? (are you heading for home?)

para darnos algo (to give us something)

And don't forget ... *porque* = because, *a causa de* = because of

Las comidas

- Learn how to talk about different meals.

ESTRATEGIAS

It is very likely, at some point, that you will have to talk or write about meals, when you eat them and what you eat. This subject can span different topic areas – home and family, daily routine and can also be included in the shopping topic. Be prepared!

Mientras caminan hacia la casa de Lara, las dos chicas conversan.

Marisa: Mi madre dice que hoy puedo cenar con ustedes, pero quiere saber a qué hora cenaremos. Va a venir a recogerme después.

Lara: Solemos cenar a las siete y media.

Marisa: ¡Qué temprano! Nosotros no cenamos hasta las ocho y media o las nueve. Mi padre siempre llega tarde del trabajo y le esperamos para cenar juntos.

Lara: ¿No tienes hambre?

Marisa: Generalmente meriendo a las cinco, cuando llego a casa después del colegio.

Lara: ¿Qué comes para merendar?

Marisa: Depende. A veces un bocadillo y un jugo, o quizás una taza de chocolate caliente con unas galletas.

Lara: Me dijeron que en España no cenan hasta las diez de la noche.

Marisa: ¡Qué raro! Eso sí que es tarde. Pero todos los países tienen costumbres diferentes. E incluso, como tú y yo, hay diferencias entre los habitantes del mismo país. ¿Qué desayunas, por ejemplo?

Lara:	Suelo tomar cereales, con fruta o un yogur, un jugo o de vez en cuando una taza de té. No me gusta el café. ¿Y tú?
Marisa:	Nosotros desayunamos a lo grande, con pescado, o queso y jamón cocido, o huevos con beicon.
Lara:	¿Entre semana? No sé cómo tienes el tiempo de comer tanto por la mañana.
Marisa:	Sí, es porque mi padre dice que el desayuno es la comida más importante del día. Siempre nos reunimos para desayunar y hablar de lo que vamos a hacer durante el día. Luego por la tarde nos reunimos otra vez para cenar.
Lara:	Bueno, en mi casa desayunamos cuando queremos. Es muy raro desayunar juntos. Todos nos levantamos tarde y salimos corriendo por la mañana. ¿Y al mediodía, qué hacen?
Marisa:	Entre semana no hay nadie en casa. Mi madre suele preparar un sándwich para comer en la oficina, y mi padre come en el comedor de su trabajo, y yo en la cafetería del colegio. Pero los fines de semana siempre comemos y cenamos juntos. Los domingos mi madre siempre prepara un postre, que me gusta mucho, sobre todo si es de chocolate. Soy aficionada al chocolate.
Lara:	Yo también. ¿Y salen mucho a comer fuera?
Marisa:	A veces salimos el sábado por la noche a cenar en un restaurante chino que le gusta mucho a mi padre. Normalmente es para celebrar un cumpleaños o algo como el fin de los exámenes. A todos nos encanta la comida china.
Lara:	Mi comida preferida es la italiana, pero mi hermano prefiere la caribeña. Pollo asado y arroz con gandules es su plato favorito.

ACTIVIDAD

Using the following as an outline, write in Spanish a letter of no more than 130–150 words. Use the tense or tenses appropriate to the topic which you have chosen.

Your penfriend is coming to visit and asks you about your meal-time routines. You reply in a letter in which you include:

i   Your usual weekday routine

ii How this generally differs at weekends

iii What you did last weekend as a special birthday celebration for your mother

iv What you plan to do, for a special meal, when your penfriend is with you

REPASO

Questions relating to meals

1 ¿Quién cocina en tu casa?

2 ¿Sabes cocinar? ¿Qué cocinas?

3 ¿Cuándo suelen salir a comer a un restaurante?

4 ¿Qué tipo de comida te gusta?

5 ¿Cuál es tu plato favorito?

6 ¿A qué hora sueles desayunar/comer/merendar/cenar?

7 ¿Qué sueles desayunar/comer/merendar/cenar?

8 ¿Con quién comes en casa?

9 ¿Cuál es tu postre preferido?

10 ¿Qué haces mientras comes?

11 ¿En qué consiste una merienda típica?

12 ¿Qué no te gusta comer?

13 ¿Prefieres la comida en el colegio o en casa?

14 ¿Qué opinas de la comida rápida?

¿Cómo se hace?

- Learn how to explain how to prepare food and how other things are done.

Lara y Marisa llegan a casa. En la mesa de la cocina encuentran un mensaje de la madre de Lara ...

> He tenido que salir. Por favor, ¿puedes preparar la cena esta noche, para las siete y media más o menos? Somos siete – el amigo de Luís y Marisa incluidos.
> Lo siento. Gracias, y besos. Mamá

ACTIVIDAD

Reading comprehension

Answer the following questions, which relate to the conversation, in full sentences in English.

1 What is Lara's reaction to her mother's note? (2)

2 Give two reasons why Marisa is good at making bolognaise sauce. (2)

3 What exactly does she ask Lara for first of all? (2)

4 What is the oil used for? (2)

5 What would she prefer to use for the cooking? (1)

6 After adding the meat, what is the next stage? (2)

7 What does Lara look for in the larder? (1)

8 Apart from being easy, what other reason is given for it being such a good recipe? (2)

Lara: ¡Qué pesada es! ¡No tengo ganas de cocinar! Espero que sepas cómo hacer la salsa boloñesa.

Marisa: Sí, es mi plato preferido. Siempre ayudo a mi madre a hacerlo.

Lara: ¿Qué hago primero?

Marisa: Antes de empezar a cocinar, empezamos con la preparación. ¿Tienes un cuchillo bien afilado? La cebolla, los pimientos, los tomates y el ajo se cortan en trocitos ... y luego empezamos a freír la cebolla y el ajo en un poco de aceite. ¿Tienes una sartén grande? ¿O mejor una cacerola grandísima? Para contener toda la salsa ... Hay que añadir la carne y sazonarla con sal y pimienta. Después de cocinar bien la carne, se añaden los tomates y los pimientos. ¿Tienes una lata, o dos, de tomates?

Lara: Voy a ver en la despensa ... Sí, aquí tienes.

Marisa: Gracias. Al echar estas dos latas habrá suficiente líquido para la salsa. Luego se deja cocinar todo a fuego lento por media hora al menos.

Lara: ¡Qué fácil!

Marisa: Sí, y es una receta que puedes adaptar según los ingredientes que tengas.

In recipes, or on other occasions when you need to explain how things are done, there are many different ways of giving instructions.

- *hay que* + infinitive
- *tener que* (conjugated) + infinitive
- the infinitive on its own
- the reflexive *se* construction
- straightforward imperatives (commands)

Infinitive constructions

Notice how the infinitive is used in the piece.

antes de empezar – before starting

después de cocinar – after cooking

al echar – on adding

These infinitive constructions are excellent connectives for use in all written pieces, as is *para* + infinitive – in order to ...

ESTRATEGIAS

When completing tasks in the 'Directed situations' section of the examination, it is important to assess what is the 'function' that the examiner wishes you to fulfil. In some cases this is clear, for example in 'Your mother has written to give you advice ...' the function is giving advice (use either *deber* + infinitive, or a direct command). In other cases, you must think carefully, for example in 'You were unpleasant to your sister this morning, and now feel badly about it. Write a text to say so ...' the function is apologising (*Lo siento ...* and explain why).

ACTIVIDAD

Directed situations*

Do not write more than one sentence for each situation.

1 You are about to bake a cake but need to know at what temperature to set the oven. What is the text you send to your mother? (Function: Enquiring)

2 A friend wishes to know what ingredients they will need to make a cake. Write the list of things they should buy. (Function: Quantifying and listing)

3 You remember an important step your friend must take to ensure the cake turns out well. Write the text you send. (Function: Advising)

4 You send a text hoping that the cake turns out well. What do you write? (Function: Expressing hope)

5 You are keen to go and see the finished cake. You send an email to say you would like to call by in the morning. What do you write? (Function: Expressing want, wish, desire)

* Please note that in the exam you will have less specific situations to respond to, and therefore will have a range of options for your answer. The situations here are compiled to follow the topic on the page.

REPASO

Give instructions, using a variety of different constructions from the list in *Gramática*, for a simple recipe that you make at home.

Comprando por internet

Después de preparar la cena, Lara y Marisa descansan en el salón.

Marisa: Uf, ¡qué día! Estoy muy cansada.

Lara: Sí, yo también, pero ¿recuerdas que todavía no hemos comprado nada para la profesora?

Marisa: Sí, es verdad. ¿Por qué no miramos en internet? Vamos al sitio web de los grandes almacenes. A lo mejor encontraremos algo.

Lara: Vale, pues, yo me conecto al internet, y vamos a ver lo que hay en el buscador. ¿Qué departamentos visitamos primero? Hay ... alimentación, electrónica, informática, electrodomésticos, hogar, moda, deportes, ocio y cultura, entradas, viajes, juguetes, bebés, lujo ...

Galerías Atlánticas   [Buscar]   Ayuda | Nuestra tarjeta | Registro   Venta 24 h ☎ 903 44 21 49

Alimentación | Electrónica | Informática | Electrodomésticos | Hogar | Moda | Deportes | Ocio y Cultura | Entradas | Viajes | Juguetes | Bebés | Lujo | Ver todo

ENVIO A DOMICILIO EN 24 H.   RECOGIDA Y DEVOLUCIÓN GRATIS EN EL CENTRO COMERCIAL

GALERÍAS ATLÁNTICAS

Descuentos increíbles en ropa para mujer

rebajas en un click ▶▶▶

Semana fantástica en hogar

Compre dos por el precio de uno en juguetes

Gangas en la sección de bebés

Marisa: ¡Huy! ¿Empezamos con 'lujo'?

Lara: Mira, son todas marcas carísimas. No nos alcanzarán los cuarenta dólares.

Marisa: No, es verdad. ¿Y qué hay en 'entradas'?

Lara: Vamos a ver … mira, podríamos comprarle dos entradas para el concierto en el Teatro Gala, y también un CD para luego escuchar la música en casa. Si miramos en 'ocio y cultura' ahí encontraremos la sección de discos. Mira … pone 'libros, música, cine y series TV y videojuegos'. Tiene de todo y a muy buen precio.

Marisa: Y pueden enviarlo a tu domicilio en veinticuatro horas, o si es muy caro puedes recogerlo gratis en el centro comercial.

Lara: Hoy en día mi madre siempre hace sus compras por internet. Dice que es mucho más cómodo que ir a las tiendas, pero luego si olvida algo, como hoy, somos nosotras las que tenemos que hacer la compra.

Marisa: Mis padres no solían comprar en internet porque decían que los sitios web no eran muy seguros, y había mucho fraude. También les gustaba seleccionar las frutas y las legumbres, pero ahora son aficionados a la compra en línea. Así ahorran tiempo y gasolina.

Lara: Bueno, tenemos que esperar a que regrese mi madre, o mi padre, para que ellos hagan la compra porque yo no tengo tarjeta de crédito con que comprar en internet. Antes de que vengan haré una lista de lo que queremos. Me parece que es la mejor solución, ¿no? Y mañana vamos a recoger las entradas y el CD en el centro comercial.

ACTIVIDAD

Each of the following sentences contains a blank space. Below each one are four choices. Select the one which **best** completes the sentence in each case.

1 Tienen que añadir los tomates cuando la carne … cocida.
   a está **b** esta **c** esté **d** este

2 Es importante cocinarla media hora para que … bien cocida.
   a quedar **b** queda **c** quedan **d** quede

3 Antes de que … mi madre, pondré la mesa.
   a llego **b** llega **c** llegue **d** llegué

4 Después de que … mi hermano, llegará mi padre.
   a salir **b** sale **c** salga **d** salgo

5 Mi madre hace la compra en línea, de manera que mañana … recoger las entradas en el centro comercial.
   a poder **b** podamos **c** podemos **d** pueden

REPASO

Write two lists, in Spanish, of the arguments for and against internet shopping, taken from the conversation above. Which list is the longest?

En los grandes almacenes

- Learn how to shop for clothes and use ordinal numbers.

VOCABULARIO

Quedarle algo bien a alguien – *something suits someone well,* for example:
A Ricardo le queda bien la camisa.
A Ricardo le quedan bien las zapatillas.

Lara y Marisa se encuentran en la entrada de Galerías Atlánticas al día siguiente.

Lara: Hola Marisa, ¿qué tal? ¿Dormiste bien?

Marisa: Sí, como un tronco. ¡Qué día más largo ayer! Espero que todo vaya mejor hoy.

Lara: ¿Adónde vamos primero?

Marisa: Bueno, antes de recoger el regalo me gustaría ver si hay una falda que me guste en el departamento de moda.

Lara: Miremos la guía. Sí, moda mujer, en la segunda planta. ¿Vamos en el ascensor?

Marisa: No, aquí está la escalera mecánica. Será más rápido ... ¿Qué te parece ésta?

Lara: Me gusta el color, pero ¿no te parece un poco larga? Las faldas se llevan más cortas este año. ¿Qué talla es?

Marisa: La ocho. Voy a probarme ésta, y ésa que es una diez.

Lara: Ésta te queda muy bien, y está muy de moda. La otra es demasiado grande. ¿Es cara?

Marisa: No, ésta vale menos que la otra. ¡Qué bien! Voy a comprármela.

Lara: Mientras estamos aquí, quisiera ir al departamento de zapatería. Está en la tercera planta.

Dependiente: Buenos días, señorita. ¿En qué puedo servirle?

Lara: Me gustan estos zapatos, con tacón alto. Quiero probármelos, por favor.

Dependiente: Sí. ¿Qué número calza?

Lara: Un 38, o quizás un 39 – depende del estilo.

Dependiente: Le traigo los dos tamaños ... Lo siento, pero no me quedan en 38, aquí tiene el 39, y le he traído otro par en 38 en este estilo, con el tacón un poco más bajo. Es un estilo muy popular.

Lara: Éstos son perfectos, los 39. Me encantan y son muy cómodos. ¿Qué valen?

Dependiente: Éstos cuestan veinticinco dólares, pero hoy hay un 10 por ciento de descuento en algunos modelos, incluidos éstos. Salen a veintidós cincuenta.

Lara: ¡Qué buena suerte! Me los llevo.

Marisa: Y ahora a recoger los regalos. Tenemos que ir al departamento de 'Atención al cliente' en la quinta planta.

Lara: Anoche compramos unas entradas para un concierto y un CD en internet. Quisiera recogerlo todo.

Dependiente:
¿Tiene el número de reconfirmación?

Lara: Sí, aquí tiene lo que imprimí de su sitio web.

Dependiente:
Muy bien, un momento, por favor ... aquí tiene el disco compacto, y tengo que imprimir las entradas. ¿Quiere que empaquetee el disco compacto en papel de regalo? Es un regalo, ¿no?

Lara: Sí, por favor. ¿Y puede darnos una tarjeta en la que podemos escribir algo?

Dependiente:
Sí, aquí hay una selección. Escoja la que quiera.

Marisa: Ésta es muy bonita, ¿te gusta?

Lara: No, prefiero ésta otra. Es muy graciosa. Mira.

Marisa: Sí, ¡qué divertida! Le gustará mucho a la profesora.

REPASO

Contextual dialogue

You are shopping with a friend and give advice to her about a purchase. Using 80–100 words complete the dialogue you have with your friend, making sure to include the following:

i   You ask what your friend wants to buy, and for what occasion

ii You show her a possible garment to try on

iii Give two reasons why you prefer one garment over the other

iv Suggest a third garment, stating why you especially like it

v   You agree with the final decision and ask what your friend will wear the garment with

YO: _____

AMIGA: Necesito comprarme unos pantalones para las vacaciones en Miami.

YO: _____

AMIGA: Sí, me los probaré. También me gustan ésos.

YO: _____

AMIGA: No sé. Es muy difícil.

YO: _____

AMIGA: Sí, son perfectos, no son demasiado largos, ni cortos y me encanta el color.

YO: _____

GRAMÁTICA

Ordinal numbers

These behave as adjectives, and must agree in number and gender with the noun they describe, for example *la cuarta planta*.

Shortening (Apocopation) of adjectives

Note *primero* and *tercero* drop the final –o when placed before a masculine singular noun, for example *el primer día, el tercer piso*.

Other common adjectives that behave in this way are *bueno* and *malo: ¡Qué buen ejemplo! ¡Qué mal momento!*

Note, in this context, *grande* before a noun of either gender becomes *gran*, as *ciento* becomes *cien: una gran mansión, cien mujeres*.

Further uses of the subjunctive

A common use of the subjunctive is after verbs of wishing, wanting and hoping, when the subject of the second clause is different from that of the first, for example *quiero ir* but *quiero que vayas, espero comprar* but *espero que compres*. Here we see *espero que todo vaya mejor hoy* and *¿quiere (Ud.) que empaquetee (yo) el disco?*

The future tense

Here we see regular forms of the future tense: *será más rápido* and *le gustará mucho*.

For full details of how the future tense is formed and a list of those verbs which are irregular in the future tense, see Verb tables, pages 168 and 172–174.

En el departamento de atención al cliente

- Learn how to deal with problems arising from purchases made.

Ha pasado una semana. Las dos amigas, Lara y Marisa, se ven por casualidad en el centro comercial.

Marisa: Lara, ¡tú, por aquí! ¿Qué hay?

Lara: Yo bien, gracias, ¿y tú? ¿Qué haces aquí?

Marisa: Estoy bien. Bueno, no, la verdad es que estoy muy enfadada. ¿Te acuerdas de la falda que me compré la semana pasada?

Lara: Sí, claro.

Marisa: Pues, voy a devolverla. Mira, se ha roto la cremallera, y la costura está deshaciéndose.

Lara: A ver. ¡Qué horror! Deberías quejarte al director de la tienda. Esta falda te costó bastante.

Marisa: Primero voy al departamento de atención al cliente.

Lara: Te acompaño.

Dependiente:
    Buenos días. ¿En qué puedo ayudarle?

Marisa: Quiero quejarme de la calidad de esta falda que compré la semana pasada. Me la puse por primera vez hace dos días, y se rompió la cremallera en seguida – mire, no funciona – y luego vi que la costura se había deshecho. Estoy muy decepcionada.

Lara: Es increíble. Una falda nueva, y bastante cara, no debería haber quedado así. Es de muy mala calidad.

Dependiente:

Sí, sí. Veo el problema. Lo siento mucho. ¿Tiene el recibo?

Marisa: Sí, aquí está.

Dependiente:

¿Qué prefiere hacer? ¿Quiere otra, en lugar de ésta, o prefiere que le devuelva el dinero?

Marisa: La verdad es que no tengo mucha confianza en esta marca ahora. En vez de reemplazarla, prefiero que me reembolse el dinero, y quizás podré comprarme otra.

Dependiente:

Como quiera, señorita. A ver ... si me puede firmar aquí, y ponga su dirección aquí. Muchas gracias. Aquí está el dinero. Espero que encuentre lo que busca.

GRAMÁTICA

Pluperfect tense

Like the perfect, the pluperfect tense is a compound tense that consists of a part of the auxiliary verb *haber* – this time in the imperfect tense – with a past participle. It is used to express something that **had** happened, before another event in the past, for example *y luego vi que la costura se había deshecho*. It is important to remember the irregular past participles. Full details can be found in the Verb tables on pages 169–170.

ACTIVIDAD

Responses to situations

Respond to each of the following in Spanish, as instructed.

1 You buy a new radio, but when you get it home it doesn't work. You go back to the shop.
   a What do you say to the shop assistant?
   b What does he reply?

2 Your mother bought a bag of oranges in the supermarket. When she got home she found that half were rotten. She sends you back to the shop.
   a What do you say to the shop assistant?
   b What is the assistant's response?

3 The heel has broken on a new pair of shoes. You return to the shop.
   a What do you say?
   b What is the reply?

4 You bought a T-shirt as a present for a friend, but it was too big. You want to exchange it for a smaller one.
   a What do you say to the assistant?
   b What does the assistant answer?

5 A friend bought you a baseball cap, but it doesn't suit you. You return it to the shop but don't have the receipt.
   a What do you say to the assistant?
   b What does the assistant respond?

6 You complain about a product to a shop assistant, who is not very polite or helpful. You go to talk to the manager.
   a What do you say?
   b What does the manager respond?

Una broma para divertirte ...

Un español entró en una tienda de ropa de hombre en Inglaterra. Queńa comprar un par de calcetines, pero no sabía cómo decirlo en inglés. La dependiente le mostró corbatas, pañuelos, jerseys, pero siempre dijo que "no". Luego sacó calcetines. "Eso sí que es", dijo el español. "Well," dijo la dependiente. "If you know how the word is written, why didn't you tell me before?"

Hablando de las compras

- Learn how to talk, write and read at length about shopping, and all it entails.

Ricardo y los centros comerciales

Mañana es la vuelta al colegio después de las largas vacaciones del verano. Esta mañana mamá me despertó temprano. No quise levantarme, porque era mi última oportunidad de dormir más, pero insistió.

– Vamos de compras, me dijo.

– Ay, no, mamá, le respondí.

– Ay, sí, hijo. Mañana es el primer día del nuevo trimestre y te hace falta comprar algunas cositas para que estés preparado, me contestó.

Cuando mi mamá insiste, no hay más remedio, y pronto estuvimos en el carro.

– ¿Adónde vamos? le pregunté, muy de mala gana.

– Vamos al nuevo centro comercial. Ahí se encuentran todas las tiendas que necesitamos, bajo un mismo techo, y con aire acondicionado en el interior se está más cómodo. Y además es fácil estacionar. Tienen un estacionamiento que es gratis para los clientes.

A mí no me gustan estos centros comerciales, prefiero las tiendas pequeñas en la ciudad. Es una experiencia más personal. Y es mejor para el medio ambiente, no gastas tanta gasolina en ir a estos centros que suelen estar en las afueras de la ciudad.

Pronto llegamos. Era todavía muy temprano y no hubo problemas para encontrar estacionamiento.

– Primero vamos a la papelería. Necesitas lápices, rotuladores, instrumentos para las matemáticas – un compás, una regla y una pluma, me dijo.

– Mamá, se escribe con bolígrafos y lapiceros en el colegio, no con plumas, traté de convencerle.

– Bueno, pero se escribe mejor con pluma. Eso dijeron la última vez que hablamos con los profesores.

El dependiente nos mostró un gran surtido de artículos para escribir. Empecé a divertirme un poco, eligiendo las cosas. También compramos papel y unas carpetas nuevas.

Después de pagarlo todo, entramos en la tienda de al lado, la librería.

– Te hace falta un buen diccionario, dijo mamá. Y si quieres podemos mirar estas guías de estudio que te dan ejercicios prácticos para pasar los exámenes. ¿Qué te parece?

Consentí porque me parecen muy útiles. Las había en todas las asignaturas pero, como estoy muy flojo en matemáticas y ciencias, compramos las guías de esas asignaturas.

– Vamos después a los grandes almacenes, a la sección de deportes. Tus botas de fútbol te quedan muy apretadas. ¿No te hacen daño?

La verdad es que sí me dolían los pies al ponerme esas botas, pero eran mis favoritas, tan usadas y con tanto carácter. La verdad es que no me gustan las botas nuevas para nada, nunca son cómodas. Pero no quise contradecir a mamá, así que fuimos a la sección de deportes.

Debo confesar que compramos un par de botas de fútbol impresionantes, de una marca muy famosa. Mi mamá no suele comprar cosas de marca porque dice que son muy caras, y que pagas mucho por la marca. Pero esta vez vio que me quedaban muy bien y que eran de buena calidad.

No me lo había dicho antes, pero luego tuvimos que ir al departamento de atención al cliente, para devolver una camisa que había comprado mi padre. Al ponérsela en casa se dio cuenta que le faltaban los botones. Mi madre se quejó y nos devolvieron el dinero.

También tuve que comprar unas camisas para el uniforme escolar. Las que tengo ya no me quedan bien, me quedan bastante pequeñas. Me probé una pero era demasiado grande. No me gusta llevar ropa grande. Mamá siempre me dice que estoy creciendo y que pronto me quedará bien si llevo una talla más grande de la que necesito. Me siento como un idiota llevando ropa tan grande. Felizmente conseguí persuadirla para que me comprara la camisa que me quedaba bien.

Y luego, de repente, me dijo que habíamos terminado y que era hora de volver a casa. Me sentí un poco desilusionado porque había empezado a divertirme. Quizás no es tan malo ir de compras, ¡pero menos mal que sólo lo hago una vez al año!

ACTIVIDAD

Reading comprehension

Answer the following questions in full sentences in English.

1 Why was Ricardo reluctant to get up? (2)
2 Give three reasons why his mother likes to shop in the mall. (3)
3 Why does Ricardo prefer small shops? (2)
4 What made Ricardo cheer up in the stationer's shop? (1)
5 Name two things they bought in the bookshop. (2)
6 What makes Ricardo reluctant to buy new football boots? (1)
7 Why is his mother against buying branded goods? (1)
8 What was the complaint they made? (2)
9 Why does his mother like to buy him clothes that are too big for him? (1)
10 How did Ricardo feel at the end of the day? (2)

5.13 Más vocabulario

Las tiendas

(see pages 106–107)

la agencia de viajes – *travel agent's*

el cambio/la vuelta – *change*

la carnicería – *butcher's shop*

la charcutería – *cooked meat shop, delicatessen*

la confitería – *sweet shop*

la farmacia – *pharmacy/chemist's*

la frutería – *fruit shop*

los grandes almacenes – *department store*

la hamburguesería – *hamburger outlet*

la joyería – *jeweller's shop*

la lavandería – *laundry*

la librería – *bookshop*

el mercado – *market*

la panadería – *baker's shop*

la pastelería – *cake shop*

la peluquería – *hairdresser's*

la perfumería – *perfume shop*

la pescadería – *fishmonger's*

el quiosco – *kiosk*

el supermercado – *supermarket*

la tienda de comestibles – *grocer's*

la tienda de música – *music shop*

la tienda de ropa – *clothes shop*

la zapatería/el almacén de calzado – *shoeshop*

Las legumbres/Las verduras

(see pages 110–111)

el ajo – *garlic*

la alverja – *pea*

la cebolla – *onion*

el champiñón – *mushroom*

la col/el repollo– *cabbage*

la coliflor – *cauliflower*

el espárrago – *asparagus*

las espinacas – *spinach*

el guisante – *(green) pea*

el haba – *bean*

las judías verdes – *green beans*

la lechuga – *lettuce*

la patata (la papa) – *potato*

el pepino – *cucumber*

el pimiento – *pepper*

las verduras – *greens*

la zanahoria – *carrot*

La fruta

la ciruela – *plum*

el higo – *fig (not the banana species)*

la manzana – *apple*

el melocotón/el durazno – *peach*

la naranja – *orange*

la pera – *pear*

la sandía – *watermelon*

el tomate – *tomato*

la uva – *grape*

La carne

el beicon/la tocineta – *bacon*

el bife/el biftec – *beef*

la carne de cerdo – *pork*

la carne de cordero – *lamb*

la carne de res – *beef*

el chorizo – *spicy pork sausage*

la chuleta – *chop*

el filete – *fillet*

el jamón – *ham*

el pollo – *chicken*

Otras comidas

(see pages 114–115)

el aceite – *oil*

el arroz – *rice*

el azúcar – *sugar*

el bocadillo/el sándwich – *sandwich*

los cereales – *cereals*

la ensalada – *salad*

la galleta – *biscuit*

el helado – *ice cream*

el huevo – *egg*

los huevos revueltos – *scrambled eggs*

la mantequilla – *butter*

la mermelada – *jam*

la nata – *cream*

la pimienta – *pepper*

el queso – *cheese*

la sal – *salt*

la tortilla – *omelette*

el vinagre – *vinegar*

el yogur – *yoghurt*

Fauna caribeña

el agutí – *agouti*

la cabra/el chivo – *goat*

al caimán/el lagarto – *alligator*

el camarón – *shrimp*

el cangrejo – *crab*

el colibrí – *humming bird*

la concha – *shell*

el cotorro/el loro – *parrot*

la jagüillo/el quiequeo – *wild boar*

la langosta – *lobster*

la lagartija – *small lizard*

el tiburón – *shark*

la tortuga – *turtle*

Flora caribeña

el aguacate – *avocado*

el aguacatero – *avocado pear tree*

la anona – *custard apple*

el ayote/la calabaza – *pumpkin*

el bambú – *bamboo*

el banano – *banana tree*

la berenjena – *egg plant*

el caimito – *star apple*

el camote/la batata – *sweet potato*

la caña de azúcar – *sugar cane*

la cayena/el tulipán – *hibiscus*

el chayote/la guatila – *christophene*

la cidra – *citron*

la ciruela americana – *golden plum*

el cocotero – *coconut tree*

el frijol – *bean*

la guayaba – *guava*

el guineo – *banana*

el limón – *lime*

el maíz – *corn*

la malanga – *eddo*

el mango – *mango*

el mangotero – *mango tree (also el árbol de mango/las plantaciones de mango)*

el árbol del pan – *breadfruit*

la naranja – *orange*

el ñame – *yam*

el ócorro/el gombo – *okra*

el palmero – *palm tree*

la papaya – *pawpaw*

la piña – *pineapple*

el plátano – *plantain*

el tamarindo – *tamarind*

la toronja – *grapefruit*

En el teléfono

(see page 109)

dime/dígame – *hello/who's calling? (when answering the phone initially)*

está ocupado – *the line is busy/engaged*

la máquina contestadora – *the answering machine*

¿eres/es …? – *is that …?*

espera/espere un momento – *hold on one moment*

¿está …? – *is … there?*

no está en este momento – *he/she is not here at present*

un mensaje/un recado – *message*

¿de parte de quién? – *who can I say is calling?*

me pone/comunica con …, por favor – *please put … on*

quisiera dejar un recado – *I should like to leave a message*

soy … – *it's …*

A

Grandes rebajas de verano

en todos los departamentos

Compre 2 por el precio de 1 en Moda Joven

Descuentos de hasta un 50% en joyería

Compra un par de zapatos deportivos y te regalamos unas playeras*

Abierto de 10 a 10, salvo el domingo

playeras – flip flops

B

Guía de departamentos

Planta baja: joyería, librería, regalos

Primera planta: Moda mujer

Segunda planta: Niños

Tercera planta: Moda hombre

Cuarta planta: Hogar y electrodomésticos

Quinta planta: Servicio al cliente y cafetería

Paper 1

Part B – Reading comprehension
Section III

Read the following selections carefully for comprehension. Each selection is followed by a number of incomplete statements or questions. Select the completion or answer that is best according to the information given in the selection.

A

1 ¿Cuándo aparece este anuncio?

  a en primavera   **b** en verano   **c** en otoño   **d** en invierno

2 ¿Qué te dan en la sección de deportes?

  a unas zapatillas   **b** unos calcetines   **c** un descuento
  d unos zapatos de playa

3 ¿Qué día está cerrado?

  a el lunes   **b** el martes   **c** el sábado   **d** el domingo

B

1 ¿Adónde se va para quejarse?

  a a la primera planta   **b** a la segunda planta   **c** a la cuarta planta
  d a la quinta planta

2 ¿Adónde vas para tomar algo?

  a a la primera planta   **b** a la segunda planta   **c** a la cuarta planta
  d a la quinta planta

3 ¿Adónde vas si quieres comprar juguetes?

  a a la primera planta   **b** a la segunda planta   **c** a la cuarta planta
  d a la quinta planta

C

1 ¿Qué se vende a precio reducido?

  a zanahorias   **b** cebollas
  c piñas   **d** ajos

2 Quieres comprar ajo. ¿Cuánto hay que comprar?

  a 1 kilo   **b** 2 kilos
  c 3 unidades   **d** la unidad

3 ¿Cuáles son los productos más caros?

  a plátanos   **b** ajos
  c zanahorias   **d** manzanas

Zanahorias $1.50 el kilo, en oferta $2.50 dos kilos

Manzanas $4 el kilo

Piña $2 la unidad

Papas $1 el kilo

Plátanos $2 el kilo

Ajos $1.50 la red de 3

Cebollas $1.50 el kilo

(Total 9 marks)

Section III
Contextual announcement

Use the following information to write an advertisement of about 80–100 words in Spanish.

The local department store is recalling a product which is faulty. All of the details below must be included in the advertisement.

i Name of the store

ii Details of the product to be recalled

iii Reason for recall

iv Where to take the product

v Contact details of manager

(Total 20 marks)

Oral – Conversation

Shopping

1 ¿Cuál es tu tienda favorita?

2 ¿Compras ropa de marca? ¿Por qué?

3 ¿Prefieres hacer las compras en un centro comercial o en las tiendas pequeñas?

4 ¿Con quién sueles ir de compras: tus padres o los amigos?

5 ¿Qué prefieres, ir con los padres o con los amigos y por qué?

6 ¿Cuál fue la última cosa que compraste?

7 ¿Cuáles son las ventajas de comprar en un supermercado?

8 ¿Cuál fue la última cosa que compraste en las rebajas?

9 Cuenta sobre una ocasión desagradable que pasaste cuando tuviste que quejarte.

10 ¿Qué opinas de comprar en internet?

(Total 45 marks – awarded for comprehension, spontaneity, fluency, correctness of expression and range of vocabulary)

ACTIVIDAD

Directed situations

Write in Spanish the information required for the situations given. Do not write more than one sentence. In some cases a complete sentence may not be necessary.

1 You receive a text message from your sister. She is in town and has a headache. She wants to buy some aspirin but doesn't know where. Write the text you send in reply.

2 Your mother leaves a note to ask you to get some groceries and flowers. What does the note say?

3 You are unable to find where to buy one item on the shopping list. You text your mother to ask her where it is sold. What does the text say?

4 You couldn't buy flowers, also on the list, as the florist was closed. You think you could get some at the market and text your mother again, to ask if this is okay. What do you text?

5 You are planning a clothes shopping trip with your friends and decide to meet at the best clothes shop in town. What do you write in the email you send them to arrange this?

Mi país

Yo vivo en una isla del Caribe. El Caribe se sitúa estratégicamente en un cruce importante del mundo. Al norte están los Estados Unidos y el Canadá, al sur está América del Sur, al noreste está Europa, al este está África y al oeste todos los países austral-asiáticos.

Estamos rodeados por el mar Caribe y bañados al este por el océano Atlántico.

Las influencias indígenas, españolas, francesas, británicas y africanas se ven en la arquitectura y en varios aspectos de la cultura de la región.

Tenemos un clima ideal – nunca suele hacer frío pero sí hace mucho calor durante los meses de julio, agosto, septiembre y octubre. La temporada de huracanes se extiende desde el 1 de junio al 30 de noviembre.

Las costas son preciosas con arena blanca finísima y un mar azul turquesa, con aguas tan limpias y transparentes que se puede ver toda la belleza del fondo del mar: su fauna y su flora. No solamente podemos ver diferentes clases de peces sino que también podemos ver algunas especies de tortugas que están en peligro de extinción.

En el interior de las islas hay montañas, valles, lagos, ríos, cataratas, bosques, llanuras – una gran variedad geográfica muy atractiva e interesante. Además nuestra flora y fauna es muy diversa y bonita.

No es de extrañar que el turismo sea una industria tan importante en la economía de las islas, porque hay mucho que ver. Pero también nuestra cultura ofrece mucho: arte, música, artesanía, baile, literatura. Es una experiencia única para cualquier visitante.

Claro, dada la influencia del mar, la pesca es importante, y esto se refleja en la comida. Se come mucho: pescado, y muchas frutas y legumbres. Es una dieta muy sana.

Estoy muy orgulloso de mi país y de mi región. Les invito a todos a visitarnos lo más pronto posible.
¿Para qué esperar?

ACTIVIDAD

1 To practise and reinforce your knowledge of geographical terms, draw an outline map of your country, or an imaginary island, and label every geographical feature you can.

2 List Hispanic examples of each of the following features: *cataratas* (for example Iguazú, el Salto del Ángel), *volcanes, ríos, lagos, llanuras, bosques/selva.*

GRAMÁTICA

Remember that, when describing location, the verb *estar* is used.

Ser is used for more general characteristics, for example *son las cataratas más altas del mundo.*

Note, when making comparisons in Spanish we say:

el		alto/a/os/as	del	país
la		grande(s)	del	mundo
los	más	ancho/a/os/as	de la	zona
las		largo/a/os/as	de la	región

GRAMÁTICA

Further uses of the subjunctive

1 The subjunctive is needed after a 'negative antecedent' (i.e. any statement in the negative: *no creo que, no me parece que* etc.), for example *no es de extrañar que sea ...*

2 The subjunctive is also needed after verbs of advising, for example *le aconsejo que venga.* Remember this when attempting to convey the 'advising' function.

REPASO

Writing a letter

Using the following outline as a guide, write in Spanish about 130–150 words, and no more. Use the tense or tenses appropriate to the task.

The Ministry of Tourism is organising a competition for school students, in which they should write to explain why people should visit their country. In the letter you must include:

i   Location of your country

ii   General geographical features

iii   Details of a regular cultural event

iv   One thing you have done or seen that makes you particularly proud to be a citizen of your country

ACTIVIDAD

Make sentences including superlatives about the features mentioned in question 2 above.

For example *Las cataratas de Iguazú son las más anchas del mundo.*

ESTRATEGIAS

Remember, when writing a letter to someone official, you use the formal register (*usted/ustedes*) when addressing them directly. It requires that you use the third person of the verb, for example *usted estará muy contento de visitar el país.* You should also use third person pronouns, for example *le mando unas fotos.*

Common beginnings and endings of formal letters include ...

Estimado/a/os/as señor/a/es/as ... (+ surname)

Le(s) saluda ... Ken Smith

OBJETIVOS

- Learn how to talk about different countries and use adjectives of nationality.

VOCABULARIO

conocer (por primera vez) – to *meet someone (for the first time)*

GRAMÁTICA

When we use place names we generally do not need to use the article: *Voy a España/ Trinidad/Cuba/Buenos Aires.*

However, there are exceptions – *el Canadá, la Argentina, La Habana, el Perú, el Paraguay, el Uruguay, el Ecuador, el Brasil, la Florida, la India, el Japón.*

Also those countries with names which are 'qualified' require an article, for example *los Estados Unidos, la República Dominicana.*

With the name of the language the article is omitted when used with the verb *hablar – se habla portugués, hablo italiano* – but it is used with other verbs – *aprendo el español* – or when an adverb is added – *hablamos mal el alemán.*

Adjectives of nationality, as all other adjectives, must agree in number and gender with the noun to which they refer. They are written with a lower case initial letter.

Conocí a unos canadienses en una cafetería en el centro de la ciudad. Hablaban del crucero que hacían por las Américas. Habían salido del Canadá en avión la semana anterior para visitar el Caribe y algunos países de Latinoamérica. La primera parada fue la República Dominicana y luego fueron a Cuba. Me dijeron que habían conocido a unos cubanos muy simpáticos. Los cubanos habían pensado que eran estadounidenses. No me extraña puesto que en los dos países hablan inglés.

De ahí van a Costa Rica para visitar la selva tropical costarricense. Será fascinante porque hay unas especies de flora y fauna originarias de Costa Rica que no existen en ninguna otra parte del mundo.

Después irán al Brasil. Será la época de carnaval. A los brasileños les encanta celebrar los carnavales. Menos mal que uno de ellos habla portugués, porque es el idioma que se habla en el Brasil.

Para terminar visitarán el Uruguay y la Argentina y luego vuelven al Canadá en avión. ¡Qué viaje más largo!

Los países de habla hispana

ESTRATEGIAS

Remember:

a = to
en = at, in } with place names

Each of the following sentences contains a blank space. Below each one are four choices. Select the one which **best** completes the sentence in each case.

1 Juan estuvo en La Habana y conoció a unos músicos ...

   a Cuba **b** cubana **c** cubanos **d** cubos

2 María quiere ir ... para el Carnaval.

   a a Brasil **b** al Brasil **c** en Brasil **d** a la Brasil

3 La bandera ... se conoce por todo el mundo.

   a Estados Unidos **b** estadounidenses **c** estadounidense
   d estada unida

4 Van a quedarse ... Puerto Rico.

   a en **b** a **c** por **d** para

5 El año que viene quiero ir ... La Habana.

   a en **b** a **c** al **d** dentro

6 En la Argentina hablan ... pero con un acento muy fuerte.

   a la española **b** español **c** el español **d** españoles

7 Aprendo ... desde hace mucho tiempo.

   a la española **b** español **c** el español **d** españoles

8 ... es uno de los países menos ricos del continente.

   a Paraguay **b** El Paraguay **c** los paraguayos **d** La Paraguay

9 La música mariachi es típica ...

   a del México **b** de la México **c** a México **d** de México

10 La estación está ... centro de la ciudad.

   a en el **b** al **c** en la **d** a la

To practise adjective agreement with nationalities ...

Think of personalities from different countries and test yourself on profession and adjectives of nationality at the same time, for example *George Clooney es un actor estadounidense.*

1 Jennifer López es una cantante ...

2 Rafael Nadal es un tenista ...

3 David Beckham es un ... ...

4 Barack Obama ... ...

5 Usain Bolt ... ...

6 Rihanna ... ...

Now think of some of your own.

See *Más vocabulario* page 156 for a full list of Caribbean countries and nationalities, as included in the CSEC syllabus, as well as other useful countries and their adjectives of nationality.

Make a list of countries in Spanish and test yourself on the nationalities by writing them alongside. Then cover up the nationalities to see how many names of countries you can recall.

Make an advertisement in which you encourage people to visit the Caribbean by highlighting different aspects of various islands. Choose different adjectives of nationality for each sentence, for example *Visiten las cataratas jamaicanas. Exploren la selva grenadiense.*

1 Vengan a ver el interior ...

2 Disfruten las playas ...

3 Báñense en el mar ...

4 Suban las montañas ...

5 Bajen los ríos ... en barco.

6 Coman en los restaurantes ...

7 Escuchen la música ...

8 Bailen en las discotecas ...

¿Cómo es?
¿Dónde está?

- Learn how to identify and describe places.

La familia Gómez está planeando sus vacaciones de verano. Hablan en familia sobre los lugares adónde les gustaría ir.

Mamá: ¿Qué quieren hacer este verano, chicos? Su padre quiere hacer las reservas ya. Es mejor planear y reservar pronto, así hay más posibilidad de encontrar lo que queremos, y además, a lo mejor saldrá más barato comprar los boletos con antelación.

Juana: A mí me gustaría ir a Nueva York.

Andrés: ¡Qué aburrido! Sólo querrás ir de compras y eso no me gusta nada.

Juana: ¡Qué va! En Nueva York hay mucho más – los museos, las galerías de arte, los teatros, los sitios de interés como la Estatua de la Libertad, Wall Street y el barrio financiero ...

Papá: ¡Niños, niños! ¡No se peleen! No creo que vayamos a Nueva York. Es una ciudad grande y no quiero pasar mis dos semanas de vacaciones con el tráfico y el ruido. Yo prefiero un sitio un poco más tranquilo. Algún día iremos, pero por cuatro o cinco días, nada más. Además está a cuatro horas de viaje en avión, está bastante lejos, ¿no?

Juana: Pero papá, en las afueras de Nueva York hay zonas recreativas de campo, hasta hay playas.

Papá: Playas muy bonitas ya las tenemos aquí. No, basta ya, Juana. Lo que a mí me gustaría sería ir a un lugar donde haya un *poco de todo* – sitios interesantes para visitar, y luego lugares donde podamos pasar tiempo en la naturaleza, hacer caminatas ecológicas, en fin, lugares donde podamos caminar un poco al aire libre.

Andrés: ¿Por qué no vamos a la Florida? Hay sitios de interés como los parques temáticos, y luego hay zonas naturales también. Y está bastante cerca.

Juana: Yo fui ahí con Estela hace dos años y prefiero no volver tan pronto.

Mamá: Estaba hablando el otro día con la profesora de español. Nos recomendó ir a México. Está bastante cerca, hay vuelos directos, y tienes de todo – sitios de interés histórico, una cultura distinta, playas bonitas, parques nacionales, selva tropical, comida diferente a la nuestra, y además la oportunidad de practicar el español.

Papá: Buena idea. Pero, ¿adónde ir?

Mamá:	Miremos en el mapa. Nos sugirió la península de Yucatán. Está aquí al este del país. Tiene frontera con Belice y Guatemala. Creo que hay vuelos directos de aquí a Mérida o a Cancún. Cancún está más cerca. Creo que es un destino más turístico, y Mérida es más como una ciudad normal. Es una región llena de sitios históricos de la época de los mayas, como Uxmal y las pirámides famosas de Chichén Itzá.
	Y luego, para descansar, hay la costa. Me dijo la profesora que las playas son preciosas, con arena muy fina como la del Caribe. Y hay muchas actividades para los jóvenes en los hoteles de la costa. ¿Qué les parece?
Juana:	Me encanta la idea.
Papá:	A mí también.
Andrés:	Bueno, aparte de las pirámides, me parece muy bien.
Mamá:	No te preocupes, Andrés. La profesora me dijo que las pirámides les interesan muchísimo a los jóvenes a causa de las anécdotas que cuentan los guías de la vida de los mayas. Te fascinarán. ¿Decidido entonces?
Todos:	Sí. Decidido.

GRAMÁTICA

Ser and estar

Remember the use of *ser* for description of permanent characteristics, and *estar* for location and temporary characteristics.

Irregular futures

Note the forms *saldrá (salir)* and *querrás (querer),* both examples of verbs which are irregular in the future tense.

Conditional tense

Me gustaría – I **would** like, it **would** please me, is a commonly used example of the conditional tense.

Note, this should not be confused with 'would' used in the imperfect tense (a repeated action in the past), for example 'I **would eat** chips with everything when I was younger'. Think carefully before you use this tense.

For full details of the formation of these tenses, see Verb tables pages 168 and 172–174. Note that the verbs which are irregular in the future tense are also irregular in the conditional tense.

REPASO

Prepare a short presentation on where you like to go on holiday. Include the answers to the following questions.

- ¿Adónde te gusta ir de vacaciones?
- ¿Dónde está?
- ¿Cómo es el lugar de destino?
- ¿Qué hay ahí?
- ¿Qué se puede hacer ahí?

ACTIVIDAD

Contextual announcement

Use the following information to write an advertisement of about 80–100 words in Spanish.

Your local tourist office wishes to advertise your country on a website. All of the details indicated below must be included in the advertisement:

i Name of country and location

ii Details of two different regions, their attractions and their location within the country

iii Description of one of the above regions and its attractions

iv Details of possible activities in that region

v How to get more information

¿Qué tiempo hace?

- Learn how to talk about the weather.

GRAMÁTICA

Subjunctive used to express doubt or uncertainty

Note that the subjunctive is used with *por si acaso* and in other cases, for example after *es posible que* when doubt or uncertainty is expressed.

More irregular future tenses

Hará (hacer) calor, podremos (poder) quedarnos are further examples of verbs which are irregular in the future tense.

Gustar

Remember, when specifying the person who likes/is pleased, we need to place *a* before the name, for example *A Ana le gusta*.

REPASO

Pretend you are a weather forecaster and have to present *el pronóstico meteorológico*. Prepare your script for the weather forecast for tomorrow in the different areas of your country.

La familia Gómez sigue hablando de sus vacaciones.

Mamá: ¿Qué tiempo hace en Yucatán en verano?

Papá: Vamos a ver en internet ... Mira, hace calor y es húmedo. De agosto a octubre es la temporada de las lluvias y dice que llueve todas las tardes en esos meses. Hace mejor tiempo de noviembre a marzo cuando hace más fresco y no llueve mucho. Hay posibilidad de huracanes de junio a noviembre.

Mamá: Bueno, ¿por qué no nos vamos a principios de junio, inmediatamente después de terminar el trimestre escolar?

Papá: Sí, buena idea.

Andrés: ¿Han visto el pronóstico del tiempo para hoy? Eso es lo que más me preocupa porque voy a jugar al fútbol con Pedro y otros amigos y parece que va a llover. Mira esas nubes.

Papá: Vamos a ver. Hoy ... sí, dice que hay un 60 por ciento de probabilidad de lluvias fuertes por la tarde – pero por la mañana hace buen tiempo. No hace tanto calor, hace un poco de viento pero eso no les va a preocupar.

Juana: ¿Qué dicen? ¡Que va a llover! Menos mal que vamos de compras al centro comercial. No importa nada si llueve o si hace calor o frío cuando estamos dentro con el aire acondicionado. ¡Siempre hace buen tiempo ahí!

Andrés: A lo mejor te veremos por la tarde, porque si hay tormenta y no podemos estar fuera iremos a los multicines en el centro comercial.

Papá: Mañana hará mejor tiempo, no lloverá y hará sol, y calor, unos treinta grados. ¿Por qué no vamos todos a esa playa que nos gusta tanto en el norte de la isla?

Mamá: ¡Cómo no! Si llevamos comida podremos quedarnos todo el día.

Andrés: Y llevaré la cometa conmigo por si acaso haga viento. Siempre hace viento en esa playa.

Juana: Iba a encontrarme con Ana.

Mamá: ¡Que venga Ana también! Llámale ahora para ver si puede acompañarnos.

Juana: Muy bien. Ahora voy a llamarla. Querrá venir, seguro. A Ana le encanta la playa.

ACTIVIDAD

1 Answer the following questions.

¿Qué tiempo hace ...

... en Nueva York en invierno?

... en Acapulco en verano?

... en Londres en otoño?

... en el Caribe en agosto?

... en la Argentina en enero?

2 Each of the following sentences contains a blank space. Below each one are four choices. Select the one which **best** completes the sentence in each case.

a Si ... frío mañana, me pondré mi abrigo nuevo.

   i hay   **ii** hace   **iii** está   **iv** es

b Si mañana ... viento, no saldré.

   i hay   **ii** hace   **iii** está   **iv** es

c Mira, ... lloviendo. ¿Qué hacemos?

   i hay   **ii** hace   **iii** está   **iv** es

d ¡Qué día más bonito! El cielo ... completamente despejado.

   i hay   **ii** hace   **iii** está   **iv** es

e ... neblina. No se ve mucho.

   i hay   **ii** hace   **iii** está   **iv** es

f ¿Por qué no vamos a la playa? Hace ... tiempo.

   i mal   **ii** frío   **iii** calor   **iv** buen

OBJETIVOS

• Learn how to book transportation and hotels.

Los padres de Andrés y Juana hablan de los preparativos para su viaje.

Papá: ¿Cuándo empiezan las vacaciones de verano en el colegio?

Mamá: A ver las fechas en el calendario ... sí, el 15 de junio, es viernes.

Papá: ¿Y si nos vamos el sábado?

Mamá: A veces es más barato viajar entre semana pero podemos mirar los precios en internet.

Papá: A ver ... el horario de los vuelos ... sí, hay dos vuelos directos todos los días a Cancún. El primer vuelo sale a las *doce del mediodía* y el otro a las *ocho de la tarde.*

Mamá: ¿Y qué valen los boletos?

Papá: Doscientos dólares, si viajamos el sábado, y ciento noventa el martes, por ejemplo. Por una diferencia de diez dólares prefiero ir el sábado.

Mamá: ¿Y éste es el precio de ida y vuelta?

Papá: Sí, de ida sólo sería mucho menos.

Mamá: Bueno, me parece bien. ¿Los compramos?

Papá: ¡Cómo no! ¿Cuál de los vuelos te parece mejor?

Mamá: El del mediodía. Si saliéramos de aquí a las ocho de la noche, llegaríamos muy tarde.

Papá: Entonces son cuatro boletos ... para adultos ... de ida y vuelta ... para el vuelo que sale a las doce ... el quince de junio. ¿Y el vuelo de regreso?

Mamá: El día 30, ¿no?

ESTRATEGIAS

With the more advanced constructions, such as the *si* clauses, it is often a good idea to learn by heart a few useful examples, and then you can easily substitute different words according to your requirements, for example *si lloviera no saldría* could change to *si tuviera más dinero, compraría un coche* or *si pudiera hablar portugués iría al Brasil.*

Remember, *si* never takes the present subjunctive.

GRAMÁTICA

The subjunctive in *si* clauses

Si no cuesta demasiado, será mejor.

The construction above (*si* + present tense + future tense) indicates a more definite possibility and translates as 'If it doesn't cost too much it will be better'.

Si saliéramos de aquí a las ocho, llegaríamos muy tarde.

This construction (*si* + imperfect subjunctive + conditional) indicates a less likely condition, and translates as 'If we were to leave at 8, we would arrive very late'.

The construction of the imperfect subjunctive is explained in the Verb tables on page 181.

Papá:	Hay uno a las cuatro de la tarde y otro a las diez de la noche.
Mamá:	A las cuatro me parece mejor.
Papá:	Perfecto. Todo está hecho. Y ahora el hotel. ¿La profesora te recomendó hoteles?
Mamá:	Sí, el Hotel Paraíso que es de cuatro estrellas y que tiene acceso directo a la playa, o el Hotel Espléndido que tiene vistas al mar, pero hay que cruzar una carretera para llegar a la playa.
Papá:	Miremos el sitio web del Hotel Paraíso. Si no cuesta demasiado, será mejor. Mira estas fotos del hotel y sus instalaciones. Tiene piscina cubierta, y en el exterior hay dos piscinas más, una para los niños. Hay una cafetería al lado de la piscina principal, y dos restaurantes, uno que es auto-servicio y el otro que es más formal. Hay peluquería, club para jóvenes de todas las edades, sala de juegos, gimnasio y wi-fi en las habitaciones. Todas las habitaciones tienen vista al mar, y la mayoría tiene balcón. Además tienen televisión satélite y caja fuerte también.
Mamá:	¿Y el precio?
Papá:	No está mal. Además hay descuento por una estancia de más de una semana.
Mamá:	¿Y tiene habitaciones libres?
Papá:	Vamos a ver. Necesitamos dos habitaciones dobles, una de matrimonio y la otra con camas individuales.
Mamá:	Me parece que los niños prefieren habitaciones individuales.
Papá:	Si hay disponibilidad para nuestras fechas. ¿Las reservo?
Mamá:	Sí, resérvalas. ¿Necesitas la tarjeta de crédito para garantizar la reserva?
Papá:	Sí, y ahora está todo confirmado. ¡Qué fácil ha sido todo! Creo que nos va a encantar.

REPASO

Match the following beginnings and endings of sentences, so that they make sense. There is no one correct version.

1 Si tuviera más dinero …
2 Si hablara italiano …
3 Si comiera todos los chocolates …
4 Si viviera en España …
5 Si aprobara todos los exámenes …
6 Si aprendiera todo el vocabulario …
7 Si mi padre me llevara al centro en su carro …
8 Si hubiera tormenta …
9 Si llegara tarde …
10 Si hiciera calor …

a aprendería el español.
b estaría muy enfadado.
c iría a la playa.
d compraría un yate.
e aprobaría el examen.
f no saldría.
g podría llegar a tiempo.
h me dolería el estómago.
i podría conversar con mi abuelo en Roma.
j estaría muy contento.

La aduana

Es sábado, 16 de junio. La familia Gómez acaba de salir para el aeropuerto en taxi.

Mamá: ¿Tenemos todo – los pasaportes, el dinero, los boletos? Son las tres cosas esenciales.

Papá: Sí, tenemos todo. Y lo que no tenemos, tendremos que comprarlo.

En el aeropuerto ...

Mamá: ¿Adónde hay que ir para facturar el equipaje?

Papá: Ahí está nuestro vuelo en la pantalla. Vamos a la sección D, números 35 a 38.

Mamá: ¿Necesitan pesar las maletas?

Papá: Sí, cada maleta *debería* pesar menos de veinte kilos.

Mama: ¡Ahora me lo dices! Espero que mi maleta mi no pese demasiado.

Papá: No, está bien. Aquí están las tarjetas de embarque. El vuelo sale a tiempo de la puerta 14. Tenemos dos asientos cerca de la ventanilla y los otros dos en el centro de la fila de tres.

Andrés: Me encanta mirar por la ventanilla.

Juana: Bueno, ese asiento te toca a ti de ida, y a mí de vuelta.

Andrés: Vale, de acuerdo.

Papá: Pasamos primero por seguridad y el control de pasaportes, y luego habrá tiempo para tomar algo.

Juana: ¿Hay tiempo para ir a las tiendas libres de impuestos?

Andrés: Siempre quieres ir de compras.

Mamá: Sí, hay tiempo. Estaremos aquí en la cafetería tomando un café. Pero vuelvan dentro de veinte minutos. La puerta se abre a las once y diez.

En la puerta de embarque...

Azafata: Me permiten ver los pasaportes y las tarjetas de embarque, por favor. Muy bien. Necesitan rellenar estos formularios para entrar en México. Hay uno para cada persona, y luego éste es para toda la familia.

Andrés: ¿Para qué necesitan toda esta información?

Papá: Es para proteger la naturaleza, para que no entren enfermedades de otros países que dañen su agricultura.

Vuelo no.	Fecha
Nombres	Apellido(s)
Edad	Fecha de nacimiento
Lugar de nacimiento	Nacionalidad
Dirección	
No. de pasaporte	Fecha de expedición
Lugar de expedición	Fecha de caducidad
Profesión	
Duración de la estancia en México	
Dirección en México	
Tfno. de contacto en México	
Vuelo de vuelta no.	Fecha
Firma	Fecha

Control de productos

Si tienen en su grupo cualquier producto comestible, fruta, legumbre, producto de carne, semillas o plantas, hay que declararlo en este formulario.

_____

_____

_____

Firma: _____ Fecha: _____

Nombres de las personas en su grupo: _____

La familia acaba de aterrizar en México y pasan por la aduana.

Aduanero: Buenas tardes, sus pasaportes y sus formularios, por favor. ¿Tienen algo que declarar?

Papá: No, no tenemos nada.

Aduanero: ¿No llevan frutas, semillas, plantas de ningún tipo?

Papá: No, nada.

Aduanero: Bueno, pasen, por favor. Bienvenidos a México. ¡Que lo pasen bien aquí!

REPASO

Explain in Spanish what happens at the various points in an airport mentioned below:

- la aduana
- el control de pasaportes
- la facturación
- la puerta de embarque
- las tiendas libres de impuestos
- salidas
- llegadas
- el control de seguridad

El transporte

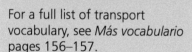

ENLACE

For a full list of transport vocabulary, see *Más vocabulario* pages 156–157.

La familia Gómez está ahora en el Hotel Paraíso y planea algunas excursiones.

Papá: En recepción hay una exposición de todas las excursiones que hay.

Andrés: Yo quisiera subir en globo de aire caliente. Hacen excursiones por encima de las playas, o también encima de las ruinas mayas. ¡Qué relajante sería!

Mamá: ¿Relajante? ¡No! Sería demasiado emocionante para mí. Creo que sí deberíamos visitar los sitios mayas, pero no en globo. Además sería muy lento. Hacen excursiones en autocar, y también en taxi privado. Claro, saldría más caro si fuéramos en taxi, pero por lo menos tendríamos más independencia.

Papá: No creo que salga tan caro, dado que somos cuatro.

Andrés: ¿No hay trenes? Me gustaría ir en tren. Es más rápido.

Juana: Yo prefiero quedarme aquí, en el hotel. Hay todo tipo de actividades – clases de yoga en la playa, de salsa, de cocina mexicana.

Mamá: Muy bien, pero insistimos en que vengas a ver las pirámides – sólo es un día.

Papá: Podríamos alquilar un carro por un día, y así tendríamos aún más independencia. Tendríamos la posibilidad de pararnos donde quisiéramos. Es mucho más práctico, cómodo y conveniente.

Mamá: Y podríamos salir temprano y llegar antes de que lleguen los grupos de turistas a las pirámides y contratar uno de esos guías con sus famosas anécdotas. Espero que tengas el carnet de conducir, querido. ¿Qué les parece, niños?

Andrés: Me gusta la idea hasta cierto punto, pero ¿no sería mejor para el medio ambiente si tomáramos el transporte público?

Juana: ¡Siempre estás con tus ideas ecológicas! Yo prefiero alquilar un carro particular, y así podemos pararnos a ver las tiendas que hay.

Andrés: Y tú otra vez con las compras. ¡Qué aburrida!

Mamá: Lo que sí podemos hacer es ir en autobús a un mercado típico. Eso sería interesante y muy divertido.

Juana:	Me gustaría acompañarles ese día. Y mira, aquí dice que puedes dar una vuelta en moto acuática.
Mamá:	No, es demasiado peligrosa, y ruidosa. Es como las motos en la carretera.
Juana:	Bueno, si no puedo ir en moto acuática, me gustaría montar a caballo. Nunca tuve la oportunidad de montar a caballo, y me encantaría.
Papá:	También hacen excursiones en barco, como pequeños cruceros.
Juana:	Yo iría en barco a esta isla, la Isla Mujeres. Parece preciosa en estas fotos. Y hasta puedes hacer paravelismo* ahí. Me gustaría hacer algo así como paracaidismo o el parapente, pero aquí no hay suficiente altitud para hacer eso, ¡ni el alpinismo!
Andrés:	¡Estás loca! Pero si quieres ir a Isla Mujeres hay un ferry. Es muy ecológico viajar en ferry.
Juana:	Es más ecológico ir a pie.
Papá:	¡Chicos, chicos! ¡Tranquilos! ¡Nada de estos deportes de alto riesgo, Juana! Y Andrés, si tú quieres proteger el medio ambiente, podemos alquilar bicicletas y dar un paseo en bici por las playas. O caminar. Eso no hace ningún daño, y además es bueno para la salud.
Andrés:	Tienes razón. Creo que todos deberíamos pensar un poco más en el transporte que usamos.

*el paravelismo – parasailing

ACTIVIDAD

List all the methods of transport mentioned, including any verbs that go with them. Next to each write, in Spanish, their pros and cons.

ESTRATEGIAS

When giving advice or recommendations, a useful construction is *Deberías/Deberíamos/Deberían* + infinitive, for example *Deberíamos pensar más, Deberíamos visitar los sitios mayas.*

REPASO

1 ¿Cuáles son las ventajas e inconvenientes de viajar en avión?

2 ¿Cómo vas al colegio todos los días?

3 ¿Cuál es tu transporte preferido y por qué?

4 ¿Te gustaría montar en moto? ¿Por qué?

5 ¿Has montado a caballo? ¿Te gustaría hacerlo? ¿Por qué?

6 ¿Cuáles son las ventajas e inconvenientes de tomar el transporte público?

7 ¿Cómo es el sistema de transporte público en tu pueblo o ciudad?

8 ¿Qué harías para mejorar el transporte público en tu región?

ESTRATEGIAS

In a situation like this you will probably need to describe the lost item, or, in the case of a lost bag or suitcase, list the contents. Remember, in the case of description, all adjectives must agree in number and gender with the noun they describe. You should also bear in mind that for the physical description of items, the verb *ser* is used.

En el Hotel Paraíso, Juana está preocupada ...

Juana: Andrés, ¿has visto mi iPod?

Andrés: No, ¿por qué?

Juana: Es que no lo encuentro. Lo tenía ayer cuando estaba tomando el sol al lado de la piscina, y ahora no sé dónde está.

Andrés: ¿Dónde has buscado?

Juana: Bueno, he buscado en la habitación, en mi bolsa, en la maleta, pero nada. Y regresé a la piscina esta mañana para ver si estaba ahí.

Andrés: Pero, a lo mejor si estaba en la piscina alguien lo habría visto y lo habría entregado en recepción.

Juana: Sí, voy a recepción a ver si lo tienen ...

Recepcionista:
Buenos días, señorita. ¿En qué puedo servirle?

Juana: Buenos días. Pues, he perdido mi iPod y quisiera saber si alguien lo ha entregado.

Recepcionista:
¿Cuándo lo perdió?

Juana: No lo sé exactamente. Lo tenía ayer cerca de la piscina, pero ya no lo tengo.

Recepcionista:
¿Y cómo es?

Juana: Es blanco, pequeño, normal, ¿no? Como cualquier iPod.

Recepcionista:
Pero, ¿no tiene nada distintivo?

Juana: No, lo siento.

Recepcionista:
Llamaré a la oficina de objetos perdidos para ver si lo tienen. Hoy nadie me ha entregado nada, pero quizá alguien lo trajo ayer cuando yo no estaba. Ayer fue mi día libre.

Juana: Gracias. Esperaré hasta que llame ...

Recepcionista:
Lo siento, señorita, pero no tienen ningún iPod. Gafas de sol, sí, toallas, vestidos de baño, gorras, cámaras, libros, revistas, camisetas. Hay de todo menos iPods. A lo mejor lo encuentra hoy en alguna parte.

Juana: Espero que sí. Todavía no les he dicho nada a mis padres. Estarán muy enfadados porque acababan de regalármelo.

Recepcionista:
Aquí vienen. Son ellos, ¿no? Ahora tienes la oportunidad de decírselo.

Juana: Hola mamá, papá.

Papá: Hola, cariño. ¿Qué tal? Pareces preocupada.

Juana: Bueno, es que no sé dónde está mi iPod.

Mamá: Ah, ¿tu iPod? ¿No será éste?

Juana: Pero mamá, ¿cómo es que lo tienes tú?

Mamá: No sé. Estaba ahí, en mi bolsa, cuando buscaba un pañuelo hace un rato. Venía ahora a decírtelo. Debes haberlo metido allí anoche cuando subimos a las habitaciones para arreglarnos.

Juana: Bueno, no importa. Lo importante es que ahora lo tengo.

Recepcionista:
Me alegro que lo haya encontrado.

Juana: Sí, muchas gracias. Y ahora a la piscina – pero, primero voy a dejar el iPod en la habitación.

ACTIVIDAD

Contextual dialogue

Use the stimuli provided to complete the dialogue.

Your suitcase has not arrived at the luggage carrousel in the airport. You go to the baggage counter. Using 80–100 words, write the dialogue you have with the attendant at the counter, making sure to include all the following:

i   Explanation that your luggage hasn't arrived
ii Details of your flight and departure point
ii Description of suitcase
iv Description of contents
v   Contact details

EMPLEADO: ¿En qué puedo servirle?

YO: _____

EMPLEADO: Y ¿en qué vuelo llegó, y de dónde?

YO: _____

EMPLEADO: ¿Cómo es la maleta?

YO: _____

EMPLEADO: ¿Y qué hay dentro?

YO: _____

EMPLEADO: ¿Cómo podemos contactarle en las próximas veinticuatro horas?

YO: _____

GRAMÁTICA

Question words

You will notice that all question words carry written accents. This is also the case if there is an element of 'questioning' about them, even when they are not in a direct question, for example *no sé dónde está*.

Further uses of the subjunctive

The subjunctive is needed after verbs of emotion: *Me alegro que lo haya encontrado*.

Note the use of the subjunctive when expressing an uncertain futurity: *Esperaré hasta que llame* (whenever that may be).

ENLACE

For a full list of holiday items, see *Más vocabulario*, page 157.

REPASO

You are packing for your holiday. Make a list of all the things you need to remember to take.

Problemas en la carretera

- Learn how to deal with any problems you may encounter.

ESTRATEGIAS

Problem solving, in the context of accidents, petty crime and other incidents is a common feature of the CSEC examination. It may test the following functions – calling attention, apologising, expressing result/consequence, deduction, induction, conclusion and explanation. Make sure you have a strategy prepared for each. For example, calling attention: Mrs Gómez said *Ten cuidado*, but she could have said *Presta atención*.

Apologising: Had the other driver stopped, he could have said *Lo siento*.

Explanation: When explaining what happened to the car hire company, Mr Gómez could have said *Vino tan rápido que no pude evitar el golpe*.

Conclusion – and in continuation: *Por consiguiente chocó contra el retrovisor, en consecuencia está roto, es decir no fue culpa mía.*

La familia regresa de la excursión en el carro alquilado.

Papá: Este carro me gusta mucho. Es muy fácil manejarlo.

Mamá: Sí, es muy cómodo también. ¿No les parece, niños? … ¿Niños?

Papá: Están escuchando música en sus iPods. No oyen nada.

Mamá: Sigue todo recto hasta la rotonda y después toma la primera a la izquierda.

Papá: Vale, gracias. En la rotonda tengo prioridad yo, ¿no?

Mamá: Sí, eso creo. Pero ¡ten cuidado! Ese idiota viene muy deprisa.

Papá: ¡Ay, no! Me ha golpeado. Mira, ha roto el espejo retrovisor. Y no creo que vaya a parar. ¿Cuál es su matrícula?

Mamá: No he pedido verla. ¡Desapareció tan rápidamente! Es posible que no se haya dado cuenta del golpe.

Andrés: ¿Qué ha pasado?

Mamá: No se preocupen. Un carro se chocó con nosotros y se rompió el espejo retrovisor.

Juana: ¿Qué dices? ¡Qué loco! ¿Y no se paró?

Papá: No. Yo me paro aquí a ver qué daños hay … Bueno, tendrán que repararlo. Menos mal que tenemos los seguros. Y también que tengo otro espejo retrovisor aquí al interior. Me duele un poco la muñeca del golpe, pero no es grave.

Mamá: Bueno, continuemos con cuidado, y demos paso a todos los demás.

Después de un rato …

Papá: No sé lo que pasa, pero es difícil controlar el volante. Me paro otra vez aquí … ¡Ay, no! Es increíble, hay un pinchazo. Mira, hay un clavo en el neumático.

Mamá: ¡Qué mala suerte! ¿Sabes cómo cambiar la rueda?

Papá: No hace falta. Hay una caja aquí, con uno de estos nuevos equipos de reparación. Y hay una bomba para inflar el neumático. Nos servirá hasta que lleguemos a la oficina de alquileres … Ya está. Pongámonos en camino otra vez.

Mamá:	Ya es tarde. ¿A qué hora cierra la oficina?
Papá:	A las ocho. ¿Qué hora es?
Mamá:	Son las siete ya, y nos queda media hora más, unos cuarenta kilómetros.
Papá:	No me lo creo. Parece imposible.
Mamá:	¿Qué pasa?
Papá:	¿No ves esta luz iluminada en el tablero aquí delante?
Mamá:	¿Qué significa?
Papá:	El símbolo en forma de un termómetro indica que el carro está recalentado. Seguro que tiene algo que ver con la temperatura del motor. Me paro otra vez para leer el manual ...
Mamá:	¿Qué dice?
Papá:	Que no debemos seguir. Y que hay que llamar a un mecánico. ¿Tienes tu celular? Voy a llamar a la oficina de alquileres, a informarles de la avería, y decirles que nos vengan a buscar.
Mamá:	El móvil mío no funciona aquí. Niños, ¿nos prestan uno de sus móviles?
Juana:	Toma el mío. El de Andrés no tiene crédito.
Papá:	¡Qué día! Menos mal que todo esto nos ocurre de vuelta al hotel.
Mamá:	Sí, tienes razón. Y menos mal que estamos todos sanos y salvos.

ACTIVIDAD

Write a sentence that you would text your parents in the following circumstances.

1 You have lost your keys.
2 Your wallet has been stolen.
3 You witnessed an accident and have to make a report at the police station.
4 Someone fell off their bike. You are helping them home so will be late back.
5 You are on the way home on the bus. Two cars have collided up ahead so the traffic has stopped.
6 You have to take a lost child to the police station.
7 Your bike has a puncture and needs repair.
8 A friend is unhappy and needs to chat. You go and have a sandwich with him/her, so will miss lunch.
9 The windscreen (*el parabrisas*) breaks in the car you are in and you have to wait for it to be repaired.
10 There is a bad traffic jam ahead and you are taking a different route home so you don't know what time you will be back.

GRAMÁTICA

Possessives

Here we have examples of ...

- possessive adjectives: *sus iPods, tu celular, su matrícula*
- possessive pronouns: *el mío*
- possessive pronouns used adjectivally: *el (móvil) mío*
- the use of de: *el (móvil) de Andrés*
- the reflexive used for possession: *me duele la muñeca* (when it can be no other wrist hurting you)

REPASO

Each of the following sentences contains a blank space. Below each one are four choices. Select the one which **best** completes the sentence in each case.

1 ¿Has visto ... cartera? No la veo.

   a mía **b** el mío
   c la de mi **d** mi

2 ¿Tienes el paraguas ...? Creo que va a llover.

   a tu **b** tuyo **c** ti **d** el tuyo

3 ¿De quién es esta carpeta? ¿Es ...?

   a la suya **b** de su
   c su **d** suyo

4 El perro ... Carlos es muy agresivo.

   a su **b** suyo
   c el suyo **d** de

ENLACE

For a full list of car vocabulary, see *Más vocabulario*, page 157.

El medio ambiente

La familia vuelve de sus vacaciones. Está esperando el avión en el aeropuerto de Cancún.

Andrés: ¡Cuánta gente hay aquí!

Papá: Yo creo que hoy en día se viaja más que cuando yo era joven.

Mamá: Es verdad. Estamos acostumbrados a pasar las vacaciones en el extranjero. Antes solíamos quedarnos en nuestro país. Y cada año íbamos al mismo sitio.

Juana: A mí me encanta la posibilidad de viajar mucho. Quisiera viajar por todo el mundo.

Andrés: Pero, ¿no te preocupa el daño que harías al volar tanto? Las emisiones de los aviones causan problemas enormes en la atmósfera. Se dice que el efecto invernadero es la causa del cambio climático. Ahora hay más huracanes en nuestra región y la temporada parece más larga. En unos países hay inundaciones y en otros hay sequías. Deberíamos darnos cuenta de lo que estamos haciendo antes de que sea demasiado tarde. Es posible que ya sea demasiado tarde.

Juana: ¿Y qué vas a hacer tú?

Andrés: Bueno, por mi parte puedo ahorrar energía si apago las luces cuando salgo de una habitación, y no dejo los aparatos eléctricos conectados. También se ahorra agua si cerramos el grifo cuando nos cepillamos los dientes o nos duchamos en vez de bañarnos.

Juana: ¿Y con esto tú vas a hacer una diferencia?

Andrés: No, no yo solo, sino todos tenemos que hacer un esfuerzo. Tú, por ejemplo, podrías usar más el transporte público. Siempre pides a papá que te lleve en carro. Mamá, tú debes reciclar más – el plástico, el vidrio, el papel y el aluminio. Papá, ¿por qué no reusas el papel, o haces menos fotocopias, o imprimes menos? Así reduciríamos la cantidad de papel que compramos y ahorraríamos dinero y recursos naturales. Otra idea sería instalar paneles solares, u otra forma de energía renovable.

Papá: Los paneles solares cuestan mucho, y además dudo que el clima cambie. Siempre hay variaciones climáticas. Es normal.

Andrés: ¿Tú crees que todo vaya bien? No puedes estar seguro. Es mejor tomar precauciones. Es lógico. No hacemos ningún daño si somos más económicos con el agua y la electricidad. No creo que haya duda. Si fuera primer ministro haría leyes para promover la protección de los recursos del planeta. Es la única manera de asegurar el futuro.

Juana: ¡Si tú fueras primer ministro yo emigraría!

Mamá: No se puede estar seguro de lo que el futuro nos traerá, pero me parece bien que seas consciente de lo que pasa en el mundo y que te apasione tanto el tema.

GRAMÁTICA

Further uses of the subjunctive

The subjunctive is used in the following instances:

After expressions of doubt, for example *Dudo que el clima cambie.*

After expressions of uncertainty, for example *¿Tú crees que todo vaya bien?*

After statements of possibility and likelihood, for example *Es posible que ya sea demasiado tarde.*

After certain expressions, for example *antes de que sea demasiado tarde.*

There are further examples here of the subjunctive in *si* clauses: *Si fuera primer ministro haría ...*, *Si fueras primer ministro yo emigraría (si* + imperfect subjunctive + conditional).

ACTIVIDAD

A friend often comes to you for advice. What would you tell him or her in the following situations? Start each piece of advice with ...

Yo que tú ... (If I were you ...) + conditional tense

1 Your friend has had an argument with his/her parents.
2 Your friend wants to break up with his/her girl/boyfriend.
3 Your friend wants to lose weight.
4 Your friend doesn't want to go to the cinema with another friend tonight.
5 Your friend is upset because he/she hasn't been picked for the team.
6 Your friend is having trouble with his/her maths homework.
7 Your friend doesn't have much money.
8 Your friend wants to ask a boy/girl out, but doesn't know where to suggest they go.
9 Your friend would like to watch the football on television but knows the match clashes with his/her parents' favourite programme.
10 Your friend's cell phone is broken.

REPASO

¿Qué harías tú si fueras ...

... primer ministro?

... director de tu colegio?

... presidente de los Estados Unidos?

Hablando de los viajes

- Learn how to talk, write and read at length about travel, and all it entails.

Al volver al colegio los estudiantes tuvieron que escribir sobre sus vacaciones. Esto es lo que escribió Juana.

Este verano mi familia y yo fuimos de vacaciones a la península de Yucatán en México. La profesora de español nos hizo esta recomendación, y acertó. Me encantó. El viaje no fue demasiado largo, y me gusta mucho viajar en avión. Es rápido y mucho más práctico que otras formas de transporte para las largas distancias aunque no es muy cómodo en viajes largos. Tienes que quedarte sentado mucho tiempo sin poder estirar las piernas porque no hay mucho espacio entre las filas. Para un viaje de dos horas y pico a Cancún no hay problema. Hay tiempo para ver una película y comer algo, lo que me encanta.

Nos quedamos en el Hotel Paraíso. Es un hotel bastante moderno, que está en la playa de Cancún. Tiene muchas instalaciones comunes, como dos piscinas, un gimnasio, restaurantes, una cafetería, bares, y una sala de fiestas que también se usa como teatro. Pero lo mejor fueron las habitaciones. Tenía mi propia habitación con un pequeño balcón que tenía vista al mar – era perfecto.

Todos los días hacía calor y mucho sol. El cielo estaba despejado, casi no había una sola nube. Sólo llovió dos o tres veces por la tarde – una lluvia fuerte que duró sólo una hora más o menos.

Se servía el desayuno entre las siete y media y las diez. Solía levantarme a las diez menos cuarto para bajar justo antes de las diez. Por la mañana había clases de salsa, de yoga en la playa y te enseñaban a preparar la comida típica de México como el guacamole, las enchiladas y los tacos. Voy a preparar una cena mexicana para la familia el fin de semana que viene. Pasaba la mayoría de las tardes en la zona de la piscina, tomando el sol y escuchando música en mi iPod. Por la noche, después de cenar, había espectáculos de bailes folklóricos o música mariachi. Una noche hubo un cómico que contó chistes y un mago que hizo trucos de magia.

Mis padres solían pasearse por la playa y leían mucho en los jardines del hotel. Mi hermano aprendió a hacer windsurf, y un día salió en moto acuática. Mi madre no me dejó porque dijo que soy demasiado joven todavía.

Un día alquilamos un carro y fuimos a las pirámides de Chichén Itzá. Hubo un guía muy divertido que nos contó historias de los mayas. Comimos en un restaurante mexicano típico y la comida fue deliciosa. Lo malo de ese día fue que, de regreso, tuvimos muchos problemas con el carro. Un señor nos golpeó y se rompió el espejo retrovisor, tuvimos un pinchazo en la rueda trasera y también una avería. No llegamos al hotel hasta las once de la noche. Al día siguiente estábamos todos muy cansados.

Otro día visitamos un mercado típico donde se vendían frutas y legumbres, ropa, zapatos y artículos de artesanía. Mi madre compró algunas cositas tejidas y yo unos anillos y otros artículos de joyería para regalar a mis amigas. Mi padre compró un sombrero de mariachi como recuerdo. Le queda muy bien, y es muy divertido verlo con el sombrero puesto. Me habría gustado si hubiera comprado un traje de mariachi también. Mi hermano no compró nada. Estaba de muy mal humor ese día porque odia hacer compras.

El último día fue muy triste despedirnos del personal del hotel. Todos habían sido muy amables con nosotros, sobre todo la recepcionista que me ayudó cuando perdí mi iPod. Extrañaremos a nuestros amigos mexicanos. Quizás algún día volveremos.

ACTIVIDAD

Reading comprehension

Answer the following questions in full sentences in English.

1 Who suggested the trip to Mexico? (1)
2 What advantages does air travel have for long journeys? (2)
3 Why is it not comfortable for longer distances? (2)
4 What was the best thing about the hotel for Juana? (2)
5 Why was the rain not so bad? (1)
6 What was Juana's breakfast routine? (2)
7 Which classes did she do? (3)
8 How will she continue these activities? (1)
9 How did she spend most afternoons? (3)
10 Give three examples of evening entertainment. (3)
11 How did her parents spend the days? (2)
12 What watersports did her brother do? (2)
13 Why could Juana not join him? (1)
14 What made the pyramid visit so good? (1)
15 Name three problems with the car. (3)
16 How did this affect them the next day? (1)
17 Who was the jewellery bought for? (2)
18 What would Juana have liked her father to buy? (1)
19 Why did Andrés not buy anything? (1)
20 Who was Juana particularly sad to say goodbye to, and why? (2)

ESTRATEGIAS

Remember that, in most cases, questions in a comprehension passage will be in chronological order.

6.12 Más vocabulario

Países y nacionalidades

(see pages 134–137)

Alemania – alemán/alemana
América del Norte – norteamericano
América del Sur – sudamericano
la Argentina – argentino
Australia – australiano
Bolivia – boliviano
Chile – chileno
Colombia – colombiano
Costa Rica – costarricense
Ecuador – ecuatoriano
Escocia – escocés/escocesa
España – español
los Estados Unidos – estadounidense
Europa – europeo
Francia – francés/francesa
(el país de) Gales – galés/galesa
Gran Bretaña – británico
Guatemala – guatemalteco
Honduras – hondureño
Inglaterra – inglés/inglesa
Irlanda (del Norte) – irlandés/irlandesa (del Norte)
Italia – italiano
México – mexicano
Nicaragua – nicaragüense
Países Bajos – neerlandés/neerlandesa
Panamá – panameño
el Paraguay – paraguayo
el Perú – peruano
Portugal – portugués/portuguesa
Puerto Rico – puertorriqueño
el Reino Unido – británico
Rusia – ruso
El Salvador – salvadoreño
el Uruguay – uruguayo

Venezuela – venezolano
Anguilla – el de Anguilla
Antigua y Barbuda – el de Antigua y Barbuda
las Antillas – antillano
Barbados – barbadiense, persona de Barbados
Belice – beliceño
Cuba – cubano
Dominica – dominicano
La Guyana – guyanés/guyanesa
La Guyana Francesa – guyanés francés/ guyanesa francesa
Granada – granadino/a
Guadalupe – guadalupense/ guadalupeño
Haití – haitiano
Jamaica – jamaicano/jamaiquino
Martinica – martiniqueño/martiniqués (-esa)
Montserrat – el de Montserrat
la República Dominicana – dominicano
San Cristóbal (St. Kitts) – el de San Cristóbal
Santa Lucía – el de Santa Lucía
San Vicente – vicentino
Surinam – surinamés (-esa)/surinameño
Trinidad y Tobago – trinitario/tobagonés (-esa)
Islas Vírgenes – el de las Islas Vírgenes
el mestizo – mestizo
el indio – Indian
el indígena – native
el mulato – mulatto
el criollo – creole
el extranjero – foreigner, stranger
al extranjero – abroad

De vacaciones

(see pages 142–143)

el alojamiento – lodging
la estancia – stay
la excursión – trip
el hotel – hotel
el mapa – map
el plano – (street) plan
el recuerdo – souvenir
el regalo – present
el regreso – return
el/la turista – tourist

El transporte

(see pages 146–147)

la aduana – customs
el aduanero – customs officer
el aeropuerto – airport
la agencia de viajes – travel agency
el asiento – seat
el aterrizaje – landing
aterrizar – to land (a plane)
el autobús – bus
el autocar – coach
el avión – plane
la azafata – air hostess
el barco – boat
la bici(cleta) – bicycle
el boleto – ticket
el caballo – horse
el camión – lorry (also 'bus' in Mexico)
el carro/el coche – car
la consigna – left luggage (used in Spain)
el control de pasaportes – passport control
el cruce – crossroads, road junction
el crucero – cruise ship

la demora – *delay*

despegar – *to take off (in a plane)*

el despegue – *take-off*

el equipaje – *luggage*

el ferry – *ferry*

el globo – *hot air balloon*

la guagua – *bus (in Cuba)*

el helicóptero – *helicopter*

el horario – *timetable*

de ida (y vuelta) – *one way (return)*

la llegada – *arrival*

el metro – *underground railway system*

montar (en bicicleta/en moto/a caballo) – *to ride (a bicycle/a motorbike/on horseback)*

la moto(cicleta) – *motorbike*

la moto acuática – *jetski*

el pasajero – *passenger*

a pie – *on foot*

el retraso – *delay*

la salida – *departure*

el taxi – *taxi*

el tranvía – *tram*

el tren – *train*

el vespino/motonetas – *motor scooter*

viajar – *to travel*

el vuelo – *flight*

Artículos de viaje

(see pages 148–149)

el bañador/el traje de baño/el vestido de baño – *swimsuit*

el boleto – *ticket (for travel)*

la bolsa – *bag*

la cámara/la máquina de fotos – *camera*

la camiseta – *T-shirt*

la crema solar/bronceador– *sun cream*

el documento – *document*

la entrada – *ticket (for entry)*

las gafas de sol – *sunglasses*

la maleta – *suitcase*

la mochila – *backpack*

el pasaporte – *passport*

las playeras – *flip flops*

las sandalias – *sandals*

la tarjeta postal – *postcard*

la toalla – *towel*

Los automóviles

(see pages 150–151)

el aceite – *oil*

el atasco/embotellamiento – *traffic jam*

el auto/el carro – *car*

la avería – *breakdown*

la batería – *battery*

el carnet/permiso de conducir – *driving licence*

el cinturón de seguridad – *seat belt*

el depósito/el tanque de gasolina – *fuel tank*

el desvío – *detour*

el faro – *headlight*

los frenos – *brakes*

la gasolina – *petrol*

la gasolinera – *petrol station*

el mecánico – *mechanic*

el motor – *engine*

el parabrisas – *windscreen*

el pinchazo – *puncture*

la rueda/la llanta – *tyre*

la rueda – *wheel*

el tablero – *dashboard*

la velocidad – *speed*

la ventanilla – *window (of vehicle)*

el volante – *steering wheel*

Part B – Reading comprehension
Section III

The two paragraphs below contain blank spaces indicating that words are left out. For each blank there are four choices. After reading the whole paragraph carefully, select the choice for each blank that is best for the context.

My holidays

El año pasado yo 1_____ de vacaciones a la Florida con la nueva familia de mi padre que 2_____ ahí. Éramos yo, mi padre, mi madrastra, y mis dos hermanastros. Nos 3_____ muy bien. Menos mal porque 4_____ una casa rodante para visitar los parques temáticos, la costa del Golfo de México y el centro para la exploración del espacio. Me interesó mucho 5_____ las naves espaciales. Algún día me 6_____ ser astronauta.

1 **a** fue **b** fui **c** voy **d** iré

2 **a** vive **b** vivo **c** vivimos **d** viva

3 **a** entiende **b** entienden **c** entendemos **d** entiendo

4 **a** alquiler **b** alquilar **c** alquilamos **d** alquilaré

5 **a** veo **b** vemos **c** ver **d** vea

6 **a** gusta **b** gustan **c** gustaría **d** gustar

The accident

Anoche Antonio se dañó 1_____ mano al caerse de 2_____ bici de camino a casa. 3_____ las seis y ya empezaba a 4_____ el sol. No tenía luces en la bicicleta y un carro chocó con 5_____ porque el conductor no pudo verle en la oscuridad. No es serio pero no podrá montar 6_____ bicicleta hasta el mes que viene.

1 **a** el **b** su **c** la **d** mi

2 **a** suyo **b** la **c** él **d** sus

3 **a** Eran **b** Fue **c** Son **d** Estaban

4 **a** ponerse **b** puesto **c** pone **d** ponga

5 **a** el **b** lo **c** él **d** su

6 **a** a **b** en **c** al **d** por

(Total 12 marks)

Section III
Contextual dialogue

By chance you bump into your grandparents after you have just returned from holiday. Using 80–100 words, complete the dialogue you have with them, making sure to include the following:

i Greetings

ii Respond about your holiday destination

iii Respond about the weather

iv Give details of what you did

v Say where you will go next

ABUELOS: Hola, nieto. ¡Qué sorpresa!

YO: ....

ABUELOS: Acabas de volver de las vacaciones. ¿Adónde fuiste?

YO: ....

ABUELOS: ¿Qué tal el tiempo?

YO: ....

ABUELOS: ¿Qué hacías todos los días?

YO: ....

ABUELOS: ¿Volverías ahí o te gustaría ir a otro sitio?

YO: ....

(Total 20 marks)

Oral – Responses to situations/instructions

Five situations are described below. You are required to respond to each one in Spanish.

1 You are at the airport to meet a friend, but the flights are disrupted due to bad weather.

   a What do you ask the ground staff? **b** What do they reply?

2 A friend has just returned from holiday. You ask about his/her accommodation.

   a What do you ask? **b** What does your friend reply?

3 Your car has had to be repaired at the garage. You want to know when it will be ready.

   a What do you ask? **b** What response do you receive?

4 Your mother asks you to find out what facilities they have at your holiday hotel.

   a What do you ask? **b** What does the person respond?

5 Your penfriend asks what there is to do in your area.

   a What does he/she ask? **b** What do you reply?

(5 marks per response – 2 for appropriateness and fluency, 3 for grammar and vocabulary)

Más prácticas para el examen

Note – Paper 1 Part A is **Listening**. The transcripts for the Listening texts are printed here in the hope that there may be a friend or adult who can read them to you and the practice exam be conducted in a similar way to how it will be in the real examination setting. However, if this is not possible, the tests may be completed as reading tests. At least you will be able to familiarise yourself with the format of this part of the exam.

Part A – Listening comprehension
Section I

Note, each question will be heard only ONCE.

You will hear a single sentence. Choose from the four pictures the ONE which BEST illustrates what the sentence says.

1   Raúl habla con Susana.
2   Esteban saluda a su abuelo.
3   Los niños juegan al fútbol.
4   De vez en cuando arreglo mi dormitorio.
5   Los señores Ruiz acaban de pedir la cuenta.
6   Van de viaje en carro.
7   Quisiera reservar una mesa para las ocho.
8   A Laura le encanta ir al cine.

(8 marks)

Section II

You will hear a number of sentences, each one twice. They will be followed by a question or an incomplete statement. Four suggested answers are printed. Choose the one which BEST completes the question or statement.

9   "Camarero, no me gusta nada la sopa.
    Además está ... "
    a   sucia
    b   fría
    c   caliente
    d   buena

10 "Mamá y Papá quieren que haga algunas compras, pero no tengo tiempo.
    Me han dado demasiadas ... "
    a   tareas
    b   horas
    c   manzanas
    d   vacaciones

11 "¿Tiene algo que declarar?"

¿Dónde trabaja esta persona?

a En la redacción de un periódico

b En el hospital

c En la aduana

d En el colegio

12 "¡Qué día! Perdí mi monedero en el mercado."

¿Cómo está esta persona?

a Enfadada

b Feliz

c Contenta

d Ocupada

13 "Me duele tanto el pie que no puedo caminar."

¿Adónde necesita ir esta persona?

a A las tiendas

b Al cine

c Al médico

d Al museo

14 "El cielo está despejado.

No creo que vaya a ... "

a llover

b hacer buen tiempo

c hacer sol

d hacer calor

15 "Aprobé el examen."

¿Qué dicen las personas que oyen a este chico?

a Enhorabuena.

b ¡Qué lástima!

c ¡Cuidado!

d Mi más profundo pésame.

16 "Abra la boca más grande, por favor."

¿Cuál es la profesión de la persona que habla?

a Camarero

b Aduanero

c Abogado

d Dentista

(*8 marks*)

Section III

You will hear a number of public announcements or news items, each one twice, followed by questions. For each question, choose the one of the four responses that BEST answers the question.

• Hoy la oficina de prensa del gobierno anunció que en el mes de mayo se casará la hija del Presidente con su novio de cuatro años. La boda se celebrará en la capital, y pasarán la luna de miel en Nueva York todo el mes de junio.

17 ¿Quién se casa?

a El Presidente

b La secretaria

c El hijo del Presidente

d La hija del Presidente

18 ¿Cuándo se casará?

a En mayo

b En junio

c En la capital

d En Nueva York

19 ¿Desde hace cuánto tiempo se conocen los novios?

a Un mes

b Cuatro años

c Desde siempre

d Desde mayo

• Vengan a visitar el zoo este verano. Entrada gratis para niños de menos de cuatro años, y reducida para niños mayores acompañados por un adulto. Está abierto desde las diez hasta las cinco todos los días. ¡No se pierdan esta oferta!

20 ¿Este anuncio promociona qué sitio de interés?

a Un veterinario

b Un parque temático

c Un parque zoológico

d Un circo

21 ¿Cuánto pagan los niños de tres años por entrar?

a Un precio reducido

b Nada

c Mucho

d Cuatro dólares

22 ¿Qué día está cerrado?

a El domingo

b Los días de fiesta

c Ningún día

d El lunes

(*6 marks*)

Section IV

You will hear the following passage once. You may then look at the questions and make notes on the two groups of questions for three minutes. The passage will then be read again in two parts, allowing five minutes to complete the first group of questions before moving on to the second part. You will hear the passage a third and final time, and will then have four minutes to review your answers.

Part A

Pensaba que el profesor iba a enfadarse conmigo porque llegué tarde al colegio esta mañana. El día empezó mal porque no oí el despertador. Mamá tuvo que despertarme y por consiguiente, no tuve tiempo para desayunar. Al salir de casa mamá me dio unas galletas por si acaso tuviera hambre.

Part B

Por suerte vino el autobús en seguida, pero tuvimos que esperar quince minutos cerca de la rotonda de la periférica. Dos carros habían chocado y la policía estaba investigando cuál era el culpable. Menos mal que muchos alumnos también llegaron tarde a causa del accidente y no tuve que explicar que me había levantado muy tarde.

Part A

23 Why was the narrator worried that the teacher would be angry?

   a He had lost his homework.

   b He arrived late.

   c He forgot his sports kit.

   d His uniform was dirty.

24 What was his first problem?

   a He fell back to sleep.

   b His mother had gone out.

   c He didn't hear his alarm clock.

   d His sister was in the bathroom.

25 What didn't he have time for?

   a Breakfast

   b To brush his teeth

   c His homework

   d To clean his shoes

26 What did his mother do?

   a Gave him money

   b Told his sister off

   c Cleaned his shoes

   d Gave him a snack

Part B

27 How long did he wait for the bus?

   a 15 minutes

   b 5 minutes

   c For a long time

   d No time at all

28 Where was the accident?

   a In the centre

   b On the ring road roundabout

   c At the traffic lights

   d On the main road

29 What was the cause of the accident?

   a A police car hit another vehicle.

   b A cyclist was knocked down.

   c Two cars collided.

   d The bus hit two cars.

30 Why was the narrator lucky?

   a The teacher was late.

   b Other pupils were late.

   c He didn't have to do his homework.

   d His mother had rung the school to say he had got up late.

(Total 8 marks)

Part B – Reading comprehension

Section I

Each of the following sentences contains a blank space. From the four choices below, select the one which BEST completes the sentence.

1 Claudia, mira este vestido. Es muy barato. Es una ... .

   a ganga **b** fiesta **c** tienda **d** falda

2 De todas las asignaturas, la que más me gusta es el ...

   a recreo **b** colegio **c** profesor **d** arte

3 Mamá quiere que planche la ...

   a cocina **b** aspiradora **c** ropa **d** música

4 Si tienes fiebre deberías quedarte en ...

   a la cama **b** las tiendas **c** la flor **d** la espera

5 Vamos al cine para ver una película ...

   a lista **b** aburrida **c** cómica **d** mixta

6 ¿Por qué no vienes de paseo conmigo al ...?

   a sofá **b** campo **c** árbol **d** rojo

7 Para hacer una tortilla se necesitan ...

a zanahorias b huevos c tomates d uvas

8 A mi hermana siempre le ha interesado la medicina, por eso quiere ser ...

a artista b abogada c enfermera d piloto

(*8 marks*)

Section II

In the following sentences choose the word or phrase which will make the sentence grammatically correct.

9 ... chica es muy inteligente.

a Está b Ésta c Esta d Este

10 Antes ... dormirme me gusta leer un rato.

a al b a c de d del

11 Mi papá no va ... al cine.

a a veces b nunca c nadie d nada

12 A Pablo y a su hermana ... encantan los mangos.

a me b te c le d les

13 El programa sobre los Juegos Olímpicos fue muy ...

a aburrido b aburrida c aburridos
d aburridas

14 El cuarto de baño ... en el primer piso.

a es b está c ésta d esto

15 Es la ... vez que he visto esa película.

a tercer b tercero c tercera d tres

16 ¿Por ... no me ayudas en la cocina?

a que b qué c cuál d cuándo

(*8 marks*)

Section III

The conversation below contains blank spaces. For each blank there are four choices. Choose the one for each blank that BEST completes the dialogue.

– Mamá, me duele el (17) ... .

– ¿Desde cuándo (18) ... duele?

– Desde (19) ... . Creo que es por algo que (20) ... .

– Bueno, si no te mejoras esta tarde llamaré al (21) ... para pedir (22) ... .

17 a mano b sombrero c estómago d libro

18 a me b le c nos d te

19 a mañana b junio c anoche d la hora

20 a comí b escribí c hablé d llamé

21 a dentista b atleta c veterinario d médico

22 a compra b cita c voz d éxito

(*6 marks*)

Section IV

Read the following for comprehension, then choose from the four alternatives the response that BEST completes the statement or answers the question.

CAMPEONATO DE FÚTBOL
Gran final
entre los equipos de Atlético y Sociedad

° Tendrá lugar el próximo lunes 2 de febrero

° En el Parque Real

Parque abierto a partir de las 12
El partido comienza a las 3
Presentación de trofeo a las 5

PARRILLA
JUEGOS PARA LOS NIÑOS
REFRESCOS

Entrada gratis

23 ¿Qué día celebran el final del campeonato?

a El lunes pasado b El lunes que viene
c A finales del mes d Dentro de un mes

24 ¿Dónde se celebra?

a En el parque b En la barbacoa
c En el campo d En el equipo

25 ¿A qué hora empieza el evento deportivo?

a A las 12 b A las 2 c A las 3 d A las 5

26 ¿Cuánto cuesta entrar?

a Nada b Mucho c Un poco d Un refresco

Sara se lleva muy bien con su hermanastra, Elsa. Elsa es mayor que ella pero se entienden bien. Siempre le ayuda con las tareas del colegio. Sara está muy floja en matemáticas, pero es la asignatura favorita de la hermanastra y siempre ha sacado las mejores notas de la clase. Elsa tiene mucha paciencia y explica muy bien, de una manera que le ayuda a Sara a comprender. Su profesor dice que ha mejorado mucho y ha tenido mucho éxito en los últimos exámenes.

27 ¿Cómo se compara Sara con su hermanastra?

    a Sara es más joven

    b Sara es menos alta

    c Sara es más pequeña

    d Sara es más grande

28 ¿Por qué la hermanastra ayuda a Sara con las matemáticas?

    a Porque Sara no las entiende bien

    b Porque Sara está fuerte en matemáticas

    c Porque Sara tiene paciencia

    d Porque Sara es mejor que ella

29 ¿Cómo sabemos que la hermanastra es muy buena en matemáticas?

    a Porque no gana nada

    b Porque siempre saca buenas notas en las tareas

    c Porque es la peor de su clase

    d Porque se aburre un poco

30 ¿Cuál es el efecto de la ayuda de la hermanastra?

    a Sara no mejora nunca

    b Sara ha sacado buenas notas

    c Sara tiene más paciencia

    d Sara ya no va a clase

(Total 8 marks)

Section I
Directed situations

Answer all questions.

Write in Spanish the information for each situation below, in no more than ONE sentence for each. It may not be necessary to write a complete sentence, but do not use abbreviations. Do not translate the situations.

1 You have just finished an enjoyable novel and want your friend to read it. You lend it to her. Write the note of advice you enclose with the book.

2 Your grandmother just broke her hip. Write a note to her expressing your regret.

3 Your brother is competing in a national athletics competition in the morning. Write a note expressing your good wishes to him.

4 You are unable to attend a friend's party. Write a note to apologise.

5 There is a broken pane of glass in the classroom window. Write a note to draw attention to this.

6 You have been given two tickets for an event. Write a note to your friend inviting him to join you, and mention what event it will be.

7 Your mother asks if you would like fish or meat for supper. Write a note expressing your preference, giving a reason.

8 You have borrowed your brother's iPod without asking him. Write him a note explaining why you did this.

9 Your aunt would like you to join her on a trip to the city. Write a note expressing your delight at accepting this invitation and asking when the trip will be.

10 Your father would like to organise a picnic for tomorrow but you saw that the weather is not going to be good. Write a note to warn him.

(Total 30 marks)

Section II
Letter/Composition

Using ONE of the following outlines as a guide, write in Spanish a letter or composition of no more than 130–150 words, using the tense or tenses appropriate to the topics chosen.

Either:

Letter

You have just heard that you can do work experience at your first choice placement. However, it means you have to cancel a visit to your grandparents. Write a letter to them, explaining the situation, in which you include the following:

i   Details of the work experience offer

ii   Your regret at not being able to see your grandparents

iii   Some family news

iv   A promise to visit at some time in the near future

Include the date in Spanish and an appropriate beginning and ending.

Or:

Composition

Your mother was recently invited to a special 'sales' preview at the shopping centre. She took you along with her. Write a composition in which you include:

i   Details of the event

ii   How you felt on your way to the shopping centre

iii   What you saw and bought and why

iv   If you would return with your friends and why/ why not

(Total 30 marks)

Section III
Contextual announcement/Contextual dialogue

Use the cues provided to complete either an announcement or a dialogue.

Either:

Contextual announcement

Use the following information to write an announcement of about 80–100 words in Spanish.

You have been asked to compose an announcement to highlight the attractions of your home town/ region. Responses to all the cues must be included in the announcement.

i   The name of your town/region

ii   Three of its main attractions

iii   Three reasons to visit them

iv   When it is best (or not good) to visit

v   An invitation to visit your town/region

Or:

Contextual dialogue

Using between 80 and 100 words, complete the dialogue below.

You call to arrange for a friend to visit you one morning and explain your morning routine in an attempt to establish a good time for your friend to arrive. Responses to all the cues must be included.

i   Greetings

ii   Explaining why you've been busy

iii   Inviting your friend

iv   Reasons for the friend not to arrive before 10 o'clock/information about your morning routine

v   Suggestion of an activity you and your friend will engage in when he visits

vi   Farewells until the visit

RAÚL: Hola, amigo. ¿Cómo estás?

YO: ....

RAÚL: Yo bastante bien, gracias. Hace mucho tiempo que no nos vemos.

YO: ....

RAÚL: ¡Vaya! Has estado muy ocupado.

YO: ....

RAÚL: Me encantaría. ¿A qué hora quieres que llegue? Podría venir a las nueve y media.

YO: ....

RAÚL: Bueno, a las diez entonces.

YO: ....

RAÚL: ¡Sí, me encanta tu idea!

YO: ....

RAÚL: ¡Hasta mañana!

(Total 20 marks)

Section IV

Reading comprehension

Answer all the questions.

Read the following carefully and answer the questions which follow in English.

Protecting the planet

Hoy en día se oye mucho acerca de los problemas medioambientales, pero ¿cómo solucionarlos? A nivel individual hay mucho que podemos hacer. Se habla mucho de las tres erres – reciclar, reusar y reducir. Hay que ahorrar energía lo más que podamos, apagando las luces u otros aparatos eléctricos cuando no se usan. Cerrar el grifo mientras nos cepillamos los dientes es una manera de ahorrar agua. También nos conviene abrir la ventana de vez en cuando para que entre el aire en vez de poner el aire acondicionado. Si hablamos del transporte, es importante usar el transporte público y no usar siempre el coche privado. A nivel regional, el ayuntamiento podría mejorar el sistema de transporte público y así promocionar su uso. A nivel nacional el gobierno debería invertir más en las energías renovables como la energía solar y la eólica (del viento). Es esencial que los líderes políticos en sus naciones cumplan con sus promesas y acuerdos. Así habrá mayor posibilidad de proteger el planeta.

1 What are the problems we hear so much about these days? (1)

2 What are the three 'r's? (3)

3 Name two ways of saving electricity at home. (2)

4 How can we save water? (1)

5 How can we avoid using air conditioning units? (1)

6 What transport is recommended? (1)

7 How can local government help to achieve this recommendation? (1)

8 What should national government do? (1)

9 Give two examples of renewable energy sources. (2)

10 How can the governments of the world ensure the planet's protection? (1)

(Total 14 marks)

Oral – 1 Responses to situations

You are required to respond to each situation as described below.

1 You reach home and realise you have your friend's Spanish books in your bag. You call to let her know.

 a What do you say?

 b What does she respond?

2 You decide to go to the town centre instead of going straight home after school. You call your mother to say what you are going to do.

 a What do you say to your mother?

 b What response does she give?

3 You have just heard that your cousin has won a prize for art. You call to congratulate her.

 a What do you say?

 b What does she respond?

4 Your bike has a puncture. You pass by the repair shop.

 a What do you say to the mechanic?

 b What does the mechanic respond?

5 You run for the bus and twist your ankle and now can't put weight on it to walk. You call home to ask for help.

 a What do you say?

 b How do you explain what happened?

(5 marks per response – 2 for appropriateness and fluency, 3 for grammar and vocabulary)

2 Reading passage

Read the following aloud.

The Day of the Dead

Entre las fiestas hispanoamericanas se destaca
la fiesta mexicana del Día de los Muertos, el dos
de noviembre. Ése día toda la familia se reúne en
el cementerio y recuerda a los muertos con una
merienda alrededor de las tumbas. Se come la
comida típica de México como las enchiladas, pero
una especialidad es el pan en forma de esqueletos
o calaveras. La gente lleva la comida que más les
gustaba a los muertos, fotos y otros recuerdos. Los
niños se disfrazan de esqueletos. Se celebra con la
música típica de los mariachis y bailes. A pesar del
aspecto un poco lúgubre del entorno, la fiesta es
muy alegre y una manera simpática de recordar a sus
queridos antepasados.

(121 words)
*(Total 10 marks – awarded on the basis of
pronunciation, fluency and intonation)*

3 Conversation

Respond to the following.

1 ¿Con quién te llevas mejor en la familia, y por qué?
2 ¿Cuál es el aspecto de tu casa que más te gusta?
   ¿Por qué?
3 ¿Qué asignatura es la que menos te gusta y
   por qué?
4 ¿Qué profesión te interesa más?
5 ¿Cuáles son los beneficios de practicar deporte?
6 ¿Quién es tu autor favorito y por qué?
7 ¿Qué sueles hacer para relajarte por la tarde?
8 ¿A qué hora te acuestas normalmente?
9 ¿Prefieres ir de compras con tus padres o tus
   amigos? ¿Por qué?
10 ¿Qué miembro de tu familia suele hacer la
   compra en el supermercado?
11 ¿Cómo vas al colegio cada día?
12 ¿Cuáles son las ventajas de viajar en avión?

*(Total 45 marks – awarded for comprehension,
spontaneity, fluency, correctness of expression
and range of vocabulary)*

Verb tables

VERBS

- There are three time frames – present, past and future. It is necessary to take care with which time frame you are using.
- Within each time frame there are several possible tenses to use – present (present, present continuous), past (preterite, imperfect, perfect, pluperfect), future (future, immediate future, conditional).
- Their formation is based on the 'infinitive' (or 'title') of the verb.
- Regular verbs are grouped according to the ending of their infinitive, whether it be -ar, -er or -ir, and the different tense endings follow a pattern according to their group.
- The endings indicate the subject of the verb, and make redundant the need for the subject pronoun (see page 19 for notes on this). Verbs must agree with their subjects, for example *(yo) hablo, (los niños) hablan, (mi hermana) habla* – I speak, the children speak, my sister speaks.
- Some verbs are irregular in nature and some even follow patterns of their own, such as radical-changing verbs.

Regular verb endings of simple tenses

	-ar verbs		-er verbs		-ir verbs	
Present tense Take the -ar, -er or -ir ending off the infinitive and add …	-o	hablO	-o	bebO	-o	escribO
	-as	bailAS	-es	leES	-es	asistES
	-a	regresA	-e	dependE	-e	decidE
	-amos	cantAMOS	-emos	comEMOS	-imos	vivIMOS
	-an	tomAN	-en	temEN	-en	sufrEN
Preterite or simple past tense Take the -ar, -er or -ir ending off the infinitive and add …	-é	hablÉ	-í	bebÍ	-í	escribÍ
	-aste	bailASTE	-iste	leÍSTE	-iste	asistISTE
	-ó	regresÓ	-ió	dependIÓ	-ió	decidIÓ
	-amos	cantAMOS	-imos	comIMOS	-imos	vivIMOS
	-aron	tomARON	-ieron	temIERON	-ieron	sufrIERON
Imperfect tense Take the -ar, -er or -ir ending off the infinitive and add …	-aba	hablABA	-ía	bebÍA	-ía	escribÍA
	-abas	bailABAS	-ías	leÍAS	-ías	asistÍAS
	-aba	regresABA	-ía	dependÍA	-ía	decidÍA
	-ábamos	cantÁBAMOS	-íamos	comÍAMOS	-íamos	vivÍAMOS
	-aban	tomABAN	-ían	temÍAN	-ían	sufrÍAN
Future tense Add these endings to the infinitive …	-é	hablarÉ	-é	beberÉ	-é	escribirÉ
	-ás	bailarÁS	-ás	leerÁS	-ás	asistirÁS
	-á	regresarÁ	-á	dependerÁ	-á	decidirÁ
	-emos	cantarEMOS	-emos	comerEMOS	-emos	vivirEMOS
	-án	tomarÁN	-án	temerÁN	-án	sufrirÁN
Conditional tense Add these endings to the infinitive …	-ía	hablarÍA	-ía	beberÍA	-ía	escribirÍA
	-ías	bailarÍAS	-ías	leerÍAS	-ías	asistirÍAS
	-ía	regresarÍA	-ía	dependerÍA	-ía	decidirÍA
	-íamos	cantarÍAMOS	-íamos	comerÍAMOS	-íamos	vivirÍAMOS
	-ían	tomarÍAN	-ían	temerÍAN	-ían	sufrirÍAN

Examples:

hablo tres idiomas (I speak three languages)

terminé los deberes (I finished my homework)

estarías contento (you would be happy)

escribimos muchos ejercicios (we write many exercises)

escuchaban la radio (they were listening to the radio)

estudiaré ciencias en la universidad (I shall study sciences at university)

The 'immediate future'

• An alternative form to the future tense is the 'immediate future', formed by using the correct part of the verb *ir + a +* the infinitive.

For example:

voy a visitar a mi amiga (I am going to visit my friend)

vamos a cantar en el festival (we are going to sing in the festival)

van a querer ir con nosotros (they are going to want to come with us)

See spread 2.10, pages 48–49. Also see spreads 5.10, pages 124–125 (future tense) and 6.3, pages 138–139 (conditional tense).

Formation of regular compound* tenses

*'Compound' means there are two parts to the verb.

Present continuous	Uses the verb *estar* in the present tense and the present participle	*Estoy escuchando la radio.* *¿Estás esperando a la maestra?* *Está bebiendo té ahora.* *Estamos viendo el programa.* *Están Uds. escribiendo mucho.*
Perfect	Uses the verb *haber* in the present tense (this is an irregular verb) and the past participle	*He llegado temprano.* *¿Has perdido el libro?* *Ha terminado los deberes.* *Hemos alquilado un vídeo.* *Han pedido ya.*
Pluperfect	Uses *haber* in the imperfect tense (this is an irregular verb) and the past participle	*Había empezado cuando entró.* *¿Habías leído el pronóstico antes de salir?* *Había comido rápidamente y se sintió mal.* *Habíamos querido ir pero no fue posible.* *Habían dormido bien.*
Past continuous	Uses *estar* in the imperfect tense and the present participle	*Estaba buscando la revista.* *Estabas tardando mucho.* *Estaba lloviendo.* *Estábamos comiendo fuera.* *Estaban tomando el sol.*
Future perfect	Uses *haber* in the future tense (this is an irregular verb) and the past participle	*Habré leído el periódico.* *Habrás visto el programa.* *Habrá empezado.* *Habremos intentado.* *Habrán estudiado.*
Conditional perfect	Uses *haber* in the conditional tense (this is an irregular verb) and the past participle	*Habría entrado.* *Habrías ido.* *Habría sacado las fotos.* *Habríamos preferido ir al cine.* *Habrían comido en el nuevo restaurante.*

See spreads 4.8, pages 96–97, and 5.11, pages 126–127.

Verb tables

Present participle (Gerund)

- This is formed by taking the infinitive, minus its ending, and adding:
  - -ando (for -ar verbs)
  - -iendo (for -er and -ir verbs)

For example:

buscar→busc→ + ando→buscando

beber→beb→ + iendo→bebiendo

vivir→viv→ + iendo→viviendo

See spread 2.7, pages 42–43

The past participle

- This is formed by taking the infinitive, minus its ending, and adding:
  - -ado (for -ar verbs)
  - -ido (for -er and -ir verbs)

For example:

encontrar→encontr→ + ado→encontrado

aprender→aprend→ + ido→aprendido

vivir→viv→ + ido→vivido

- The following are irregular in the formation of the past participle:

abrir	abierto	morir	muerto
cubrir	cubierto	poner	puesto
decir	dicho	resolver	resuelto
escribir	escrito	romper	roto
freír	frito	ver	visto
hacer	hecho	volver	vuelto

- Note that compounds of the above behave in the same way: the prefix does not change the nature of the verb. For example:

devolver devuelto   descubrir descubierto   proponer propuesto

Radical-changing (or 'stem-changing') verbs in the present tense

- In the present tense, some verbs undergo changes in their stem (the infinitive minus its ending), when the stress, or emphasis, falls on the final vowel of the stem (that is, in all persons of the verb, except with the *nosotros* ending, when the stem remains the same).
- These changes are varied:

e→ie examples:

empezar – empiezo, empiezas, empieza, empezamos, empiezan

pensar – pienso, piensas, piensa, pensamos, piensan

perder – pierdo, pierdes, pierde, perdemos, pierden

sentir – siento, sientes, siente, sentimos, sienten

Other common verbs that follow this pattern include:

atravesar – to cross	*temblar* – to tremble
calentar – to heat	*defender* – to defend
cerrar – to close	*encender* – to light
comenzar – to begin	*divertir(se)* – to enjoy oneself
despertar(se) – to wake (up)	*herir* – to wound
merendar – to have an afternoon snack	*hervir* – to boil
negar – to deny	*mentir* – to lie
recomendar – to recommend	*preferir* – to prefer
sentarse – to sit down	

o—►ue examples:

volver – vuelvo, vuelves, vuelve, volvemos, vuelven

dormir – duermo, duermes, duerme, dormimos, duermen

contar – cuento, cuentas, cuenta, contamos, cuentan

soñar – sueño, sueñas, sueña, soñamos, sueñan

costar – cuesta (it costs), *cuestan* (they cost)

doler – duele (it hurts), *duelen* (they hurt)

Other common verbs that follow this pattern include:

acordarse de – to remember	*recordar* – to remind
acostar(se) – to go to bed	*volar* – to fly
almorzar – to have lunch	*morir* – to die
encontrar – to find	*mover* – to move
mostrar – to show	*soler* – to be used to
probar – to try, to prove	*resolver* – to resolve

e—►i examples:

pedir – pido, pides, pide, pedimos, piden

competir – compito, compites, compite, competimos, compiten

seguir – sigo (note a spelling change occurs here, see page 175),
sigues, sigue, seguimos, siguen

Other common verbs that follow this pattern include:

despedir(se) de – to say goodbye (to)	*vestir(se)* – to dress
repetir – to repeat	*reír* – to laugh
servir – to serve	*corregir* – to correct

Radical-changing *-ir* verbs also undergo a change in the stem vowel o—►u and e—►i in the 3rd person singular and plural preterite tense.

And two special cases:

u—►ue   *jugar – juego, juegas, juega, jugamos, juegan*

o—►hue   *oler – huelo, hueles, huele, olemos, huelen*

See spread 2.8, pages 44–45

Verb tables

Irregular verbs

Many irregular verbs are commonly used and soon become familiar. The irregular verbs are listed below. If no entry is made in a category, that is because the verb is regular in that form.

Infinitive	Present tense	Present participle	Past participle	Preterite	Imperfect	Future/ Conditional
ser – *to be*	soy eres es somos son	siendo	sido	fui fuiste fue fuimos fueron	era eras era éramos eran	seré/sería etc.
estar – *to be*	estoy estás está estamos están	estando	estado	estuve estuviste estuvo estuvimos estuvieron	estaba etc.	
tener – *to have*	tengo tienes tiene tenemos tienen	teniendo	tenido	tuve tuviste tuvo tuvimos tuvieron	tenía etc.	tendré/ tendría etc.
ir – *to go*	voy vas va vamos van	yendo	ido	fui fuiste fue fuimos fueron	iba ibas iba íbamos iban	iré/iría etc.
abrir – *to open*			abierto			
andar – *to walk*				anduve etc.		
caer – *to fall*	caigo caes etc.	cayendo	caído	caí caiste cayó caímos cayeron		
conducir – *to drive*	conduzco conduces etc.			conduje condujiste condujo condujimos condujeron		
crecer – *to grow*	crezco creces etc.					
cubrir – *to cover*			cubierto			
dar – *to give*	doy das da damos dan			di diste dio dimos dieron		

Infinitive	Present tense	Present participle	Past participle	Preterite	Imperfect	Future/ Conditional
decir – to say/tell	digo dices dice decimos dicen	diciendo	dicho	dije dijiste dijo dijimos dijeron		diré/diría etc.
freír – to fry	frío fríes fríe freímos fríen	friendo	frito	freí freíste frió freímos frieron		
haber – to have (used as an auxiliary)	he has ha hemos han	habiendo	habido	hube hubiste hubo hubimos hubieron	había etc.	habré/ habría etc.
Note this use of haber	hay – *there is, there are*		ha habido – *there has been*	hubo – *there was, there were*	había – *there was, there were*	habrá – *there will be* habría – *there would be*
hacer – to make	hago haces hace hacemos hacen		hecho	hice hiciste hizo hicimos hicieron	hacía etc.	haré/haría etc.
morir – to die	muero mueres muere morimos mueren	muriendo	muerto	morí moriste murió morimos murieron		
oír – to hear	oigo oyes oye oímos oyen	oyendo	oído	oí oiste oyó oímos oyeron		
oler – to smell	huelo hueles huele olemos huelen					
poder – to be able	puedo puedes puede podemos pueden			pude pudiste pudo pudimos pudieron		podré/podría etc.
poner – to put	pongo pones pone ponemos ponen		puesto	puse pusiste puso pusimos pusieron		pondré/pondría etc.

Verb tables

Infinitive	Present tense	Present participle	Past participle	Preterite	Imperfect	Future/ Conditional
querer – *to want*	quiero quieres quiere queremos quieren			quise quisiste quiso quisimos quisieron		querré/querría etc.
resolver – *to resolve*	resuelvo resuelves resuelve resolvemos resuelven		resuelto			
romper – *to break*	rompo etc.		roto			
saber – *to know*	sé sabes sabe sabemos saben			supe supiste supo supimos supieron		sabré/sabría etc.
salir – *to go out*	salgo sales sale salimos salen					saldré/saldría etc.
traer – *to bring*	traigo traes trae traemos traen	trayendo	traído	traje trajiste trajo trajimos trajeron		
venir – *to come*	vengo vienes viene venimos vienen	viniendo		vine viniste vino vinimos vinieron		vendré/ vendría etc.
ver – *to see*	veo ves ve vemos ven	viendo	visto	vi viste vio vimos vieron	veía etc.	

Spelling changes in verbs

- In order to preserve the original sounds in the 'basic' form of a verb in Spanish (i.e. in the infinitive), a spelling change is sometimes necessary.
- This occurs with 'c' and 'g' sounds, and is dependent on which vowel follows the consonant.
- It is useful to remember that c + o, a or u = [k], c + e or i = a soft [s] or [th].
- It is also useful to remember that g + o, a or u = a hard [g] sound, while g + e or i = [ch] as in lo<u>ch</u> (a softer sound).
- In order to retain a hard [k] sound, the 'c' changes to 'qu'. For example, in *sacar* it becomes *yo saqué*.
- In order to retain a soft [s] or [th] sound, the 'c' changes to 'z', or vice versa. For example, in *vencer* it becomes *yo venzo*; in *empezar* it becomes *yo empecé*.
- In order to retain a hard [g] sound, the 'g' changes to 'gu'. For example, in *jugar* it becomes *yo jugué*.
- In order to retain a soft [ch] sound, the 'g' changes to 'j'. For example, in *escoger* it becomes *yo escojo*; in *dirigirse* it becomes *yo me dirijo*.
- When verb infinitives end in two vowels together (in -er and -ir verbs only) such as *huir* (to flee) and *caer* (to fall), and the conjugated verb would also have three vowels together, as in the 3rd person preterite or the present participle, the middle 'i' is changed to 'y'. For example: *cayó, huyendo, leyeron*.

Reflexive verbs

- Many reflexive verbs are used to describe one's daily routine (*me levanto, me visto*), as they indicate actions that one does 'to oneself', for example, to get oneself up, to dress oneself.
- A reflexive verb can be recognised in its infinitive form by the reflexive pronoun on the end of the verb, for example *despertar<u>se</u>*.
- When the verb is conjugated, the reflexive pronoun goes before the verb except in the case of the infinitive, imperative (command) or present participle. For example: *voy a vestirme en el dormitorio* (I'm going to get dressed in the bedroom), *levántate* (get up), *estamos acostándonos* (we are going to bed).
- Note, when a pronoun is added to the end of the verb, a written accent must be added in order to retain the original stress patterns (see below).

Reflexive infinitive	Examples of different conjugations	Examples of infinitive use	Examples of commands	Examples of the gerund
levantarse – *to get up*	Me levanto a las seis normalmente, pero hoy me levanté a las siete.	¿A qué hora quieres levantarte?	¡Levántense en seguida!	Estábamos levantándonos cuando llamaste.
despertarse – *to wake up*	¿Cuándo te despiertas los fines de semana?	Mañana mis padres van a despertarse temprano.	¡Despiértate ya! Son las ocho y media.	Mamá, ¡no me grites! Estoy despertándome.
dormirse – *to go to sleep*	Me dormí en seguida, estaba tan cansado.	¿En qué piensas antes de dormirte?	¡Duérmete, mi niño! Es tarde.	Estaba durmiéndose cuando sonó el teléfono.
acordarse (de) – *to remember*	¿Te acuerdas de aquel día?	Tengo problemas para acordarme de ese chico.	¡Acuérdense de que los detalles son importantes!	¿Por qué te ríes? Estaba acordándome de la película.

Verb tables

- There are some special uses of reflexive pronouns:
  - with parts of the body, for example *me lavo las manos* (I wash my hands), *se limpia los dientes* (he cleans his teeth). But note: *le lavo las manos* (I wash his hands).
  - in many impersonal cases in the 3rd person *se* form, for example, in signs, to avoid the passive tense. For example: *aquí se alquilan bicicletas* (bikes are rented here), *se vende esta casa* (this house is being sold/is for sale), *se habla español* (Spanish is spoken), *se prohibe entrar* (entry is prohibited).

See spreads 3.1, pages 60–61, and 4.2, pages 84–85

Imperatives (commands)

- There are three different forms of commands, depending on whom you are addressing.
- When addressing one person in the familiar form, use the 3rd person singular of the present indicative. For example: *habla más despacio* (speak more slowly), *bebe más agua* (drink more water).
- When addressing one person in the polite form, the stem of the 1st person singular present tense is taken, minus the -*o*, and -*e* is added for -*ar* verbs, while -*a* is added for -*er* and -*ir* verbs. For example: *hable más despacio* (speak more slowly), *coma más verduras* (eat more greens), *haga los deberes* (do your homework), *tenga cuidado* (take care).
- When addressing more than one person, an -*n* is added to the polite singular form of the imperative (as formed in the note above). For example: *compren los boletos mañana* (buy the tickets tomorrow), *escriban a la maestra* (write to the teacher), *digan la verdad* (tell the truth).
- The polite singular and the plural commands in fact use the present subjunctive tense (see page 181).
- The *nosotros* form of the present subjunctive is used to express 'let us…' For example: *hablemos mañana* (let's speak tomorrow).
- *¡Que* + present subjunctive! is used to imply a suggestion, wish or hope. It is often used in set expressions such as *¡Que aproveche!* (Enjoy your meal!) *¡Que lo pase bien!* (Have a good time!) *¡Que viva el rey!* (Long live the King!)

Positive commands

Infinitive	Familiar command – 3rd person singular, present tense	Polite singular command – 3rd person form of the present subjunctive	Plural command – 3rd person form of the present subjunctive	*Nosotros* form – 1st person plural of the present subjunctive	*¡Que* + present subjunctive!
hablar – to speak	¡Habla más despacio!	¡Hable conmigo!	¡Hablen en voz baja!	Hablemos juntos.	¡Que me hable él!
comer – to eat	¡Come con la boca cerrada!	¡Coma lentamente!	¡Coman con nosotros!	Comamos a la una.	¡Que coman en el comedor!
escribir – to write	¡Escríbeme!	¡Escriba una carta de disculpa!	¡Escriban los deberes en el cuaderno!	¡Escribamos ahora!	¡Que escriban con cuidado!
levantarse – to get up	¡Levántate ahora!	¡Levántese temprano mañana!	¡Levántense antes de las ocho!	¡Levantémonos a las siete!	¡Que te levantes antes de tu hermano!
pensar – to think	¡Piénsalo!	¡Piense en tu abuelo!	¡Piensen antes de hablar!	Pensemos en los demás.	¡Que piense bien lo que hace!

- There are some commands that are irregular in the *tú* form:

decir: di	say/tell (*di la verdad* – tell the truth)
hacer: haz	do, make (*haz un pastel* – make a cake)
ir: ve	go (*ve en seguida* – go immediately)
poner: pon	put (*pon las flores en el florero* – put the flowers in the vase)
reír: ríe	laugh (*ríe si quieres* – laugh if you want to)
salir: sal	leave (*sal de aquí* – leave here)
ser: sé	be (*sé bueno* – be good)
tener: ten	have (*ten cuidado* – take care)
venir: ven	come (*ven conmigo* – come with me)

- When pronouns are used with positive commands, they are added to the end of the command, for example *cómalo* (eat it), *dígame* (tell me). This also applies to the reflexive pronoun in the case of reflexive verbs, for example *levántate* (get up), *prepárense* (get ready). Note, the addition of the extra syllable will often require the addition of a written accent to ensure the correct stress patterns are maintained.

Negative commands

Infinitive	Tú form – 2nd person singular of the present subjunctive	Ud. form – 3rd person singular of the present subjunctive	Uds. form – 3rd person plural of the present subjunctive
comprar – *to buy*	No compres más caramelos.	No compre este vestido.	No compren ese carro.
vender – *to sell*	No vendas la casa.	No venda su bicicleta.	No vendan más entradas.
pedir – *to ask for*	No pidas más dinero.	No le pida nada al profesor.	No pidan más cosas.

- For negative commands, in the case of the polite singular and plural forms, *no* is placed before the command. In the case of the familiar singular commands, *no* is placed before the 2nd person singular of the present subjunctive tense (see page 181). For example: *no hagas eso* (don't do that), *no coman demasiados caramelos* (don't eat too many sweets), *no hables así* (don't speak like that).

- In negative commands, pronouns are placed before the command, for example *no lo comas* (don't eat it), *no me digas* (you don't say – a commonly used phrase).

See spread 5.2, pages 108–109

Expressions with *tener*

- Many common expressions use the verb *tener* in their construction. For example:

tener … años – to be … years old	*tener miedo* – to be frightened
tener calor – to be hot	*tener prisa* – to be in a hurry
tener cuidado – to be careful	*tener que* (+ infinitive) – to have to
tener éxito – to be successful	*tener razón* – to be right
tener frío – to be cold	*tener sed* – to be thirsty
tener ganas de (+ infinitive) – to want to	*tener sueño* – to be sleepy
tener hambre – to be hungry	*tener suerte* – to be lucky

See spreads 1.4, pages 8–9, and 1.5, pages 10–11.

Ser and *estar*

- There are two verbs which mean 'to be' in Spanish: *ser* and *estar*.
- They are used in very different circumstances.
  - Broadly speaking, *estar* is used for
    - **a** temporary states, for example *estoy contento hoy* (I am happy today), *el agua está buenísima* (the water is lovely), *está enfermo* (he is ill).
    - **b** location, for example *Madrid está en España* (Madrid is in Spain), *los niños están en el parque* (the boys are in the park).

    Estar + a past participle indicates a state after an event, for example *la tienda está abierta* (i.e. it is open, not closed).

  - *Ser* is used for
    - **a** permanent states, for example *es un chico muy contento* (he is a happy sort of boy).
    - **b** professions and nationalities, for example *es soldado* (he is a soldier), *es italiano* (he is Italian).
    - **c** time and number, for example *¿Qué hora es? Son las dos* (What time is it? It's 2 o'clock), *tres menos uno son dos* (3 minus 1 is 2).
    - **d** possession, for example *es mi bolso* (it's my bag).

See spreads 1.4, pages 8–9, 1.5, pages 10–11, and 1.6, pages 12–13.

The passive voice

- The passive is formed by using a part of the verb *ser* (in different tenses) and the past participle.
- When describing an action in the passive voice (for example *el delincuente fue detenido* – the criminal was arrested), the action of arresting the criminal is reported.
- Note that the past participle must agree with the subject, for example *la chica fue detenida* (the girl was arrested).
- When describing the result of an action, the verb *estar* and the past participle are used.
  For example: *el delincuente estuvo detenido* (the state of the criminal being under arrest is reported).

Avoiding the use of the passive

- The passive is rarely used in Spanish. Most often the sentence is changed from passive to active
  - **a** by specifying the agent (the person carrying out the action): *el policía detuvo al delincuente* – the police arrested the criminal, or
  - **b** by using the 3rd person verb to leave the subject unclear (*detuvieron al delincuente* – they arrested the criminal), or
  - **c** by using the reflexive *se* construction (*se detuvo al delincuente* – the criminal was arrested).
- Here is another example:
  el paciente fue examinado por el médico (the patient was examined by the doctor) can be changed to:
  - **a** *el médico examinó al paciente* (the doctor examined the patient)
  - **b** *examinaron al paciente* (they examined the patient)
  - **c** *se examinó al paciente* (the patient was examined)

Gustar and other impersonal verbs

- Many verbs in Spanish are used 'impersonally', that is, in the 3rd person mostly. For example: *no me importa* (it doesn't matter to me/I don't mind/care), *me molesta mucho* (it bothers me a lot). Often these verbs are used to express our feelings about something or how something affects us, for example *me fascina* (it fascinates me), *me irrita* (it irritates me), *me apetece* (it appeals to me), *me encantan las películas románticas* (I love romantic films).

- *Gustar* is perhaps the most common of these and is used to express what we like (or literally what 'pleases' us). For example: *me gusta nadar* (I like to swim/to swim pleases me), *me gusta el español* (I like Spanish/Spanish pleases me), *me gustan los melones* (I like melons/melons please me), *me gustaba mucho esa casa en que vivíamos* (I used to like that house we lived in), *me gustó la cena anoche* (I liked last night's dinner).

- The indirect object pronouns change accordingly. For example: *me gustan las matemáticas* (I like maths), *¿te gusta el español?* (do you like Spanish?), *le gusta la química* (she likes chemistry), *nos gusta la música* (we like music), *les gustan las artes marciales* (they like martial arts), *¿Viste la película? ¿Te gustó?* (Did you see the film? Did you like it?).

- Other similar verbs include:

  faltar – to lack (for example *me falta tiempo* – time is lacking to me/I have no more time)

  hacer falta – to be lacking/to need (for example *me hace falta estudiar más* – I need to study more)

  doler (radical changing o⟶ue) – to hurt (for example *me duele la cabeza* – my head hurts me/I have a headache)

  quedar – to be remaining (for example *me quedan dos* – two remain to me/I have two left)

  sobrar – to be in excess/to have too much (for example *me sobra comida* – food is left over/I have too much food)

Verbs with the infinitive

- Verbs that go directly after the prepositions below take the infinitive form:

  para + infinitive – in order to (*necesito lentes para leer* – I need glasses for reading)

  después de + infinitive – after ...ing (*después de entrar en la sala, se sentó en la butaca* – after entering the room he sat down in the armchair)

  antes de + infinitive – before ...ing (*antes de llamarte, buscaré la información que necesitas* – before I ring you I shall look for the information you need)

  al + infinitive – on ...ing (*al terminar los deberes, se acostó* – on finishing/when he finished his homework, he went to bed)

  sin + infinitive – without ...ing (*salió sin decir nada* – he left without saying anything)

Verb tables

- Some verbs require *a* before the infinitive:

  empezar a – to start to (*empecé a tocar el piano en 2005* – I began to play the piano in 2005)

  ayudar a – to help to (*ayuda a preparar la comida* – he helps to prepare the food)

  Others include:

atreverse a – to dare to	*decidirse a* – to decide to
comenzar a – to begin to	*invitar a* – to invite to
acostumbrarse a – to become used to	*enseñar a* – to teach to
aprender a – to learn to	*volver a* – to (do something) again
apresurarse a – to be quick to	

- Some require *de*:

  dejar de – to stop (*dejó de fumar* – he gave up smoking)

  terminar de – to stop (*terminamos de cantar a las nueve* – we stopped singing at nine)

  tratar de – to try to (*trato de aprenderlo* – I am trying to learn it)

  acordarse de – to remember (*me acordé de comprar el regalo* – I remembered to buy the present)

  Others include:

acabar de – to have just	*cesar de* – to stop
alegrarse de – to be happy that	*olvidarse de* – to forget
cansarse de – to tire of	*parar de* – to stop
aprovecharse de – to take advantage of	*quejarse de* – to complain about

- Some require *en* or *con*:

soñar con – to dream of	*pensar en* – to think of …ing
interesarse en – to be interested in	*tardar en* – to delay in …ing
insistir en – to insist on	*consistir en* – to consist of
contar con – to count on	

- Many verbs require no preposition between them and the infinitive. For example: *deber* – *debo ir* (I have to go)

  esperar – *espera venir* (he hopes to come)

  olvidar – *olvidé hacerlo* (I forgot to do it)

  querer – *querrá ir a la universidad* (he will want to go to university)

  Others include:

decidir – to decide to	*poder* – to be able to
evitar – to avoid	*preferir* – to prefer to
lograr – to succeed	*prometer* – to promise to
necesitar – to need	*saber* – to know (how to)
parecer – to seem to	*soler (o→ue)* – to usually (do)
pensar – to intend to	

THE SUBJUNCTIVE MOOD

- The subjunctive is an important feature in Spanish which allows different 'shades' of meaning and helps to avoid ambiguity.
- There are two tenses in common use: the present subjunctive and the imperfect subjunctive. The present subjunctive and the imperfect subjunctive tenses of the auxiliary verb *haber* combine with the past participle to form compound tenses such as the perfect subjunctive and pluperfect subjunctive.

Formation of the subjunctive

- The present subjunctive is formed by taking the 1st person singular of the present tense and adding the following endings:

For -*ar* verbs	For -*er* verbs	For -*ir* verbs
habl*E*	beb*A*	escrib*A*
habl*ES*	beb*AS*	escrib*AS*
habl*E*	beb*A*	escrib*A*
habl*EMOS*	beb*AMOS*	escrib*AMOS*
habl*EN*	beb*AN*	escrib*AN*

- The imperfect subjunctive is formed from the 3rd person plural of the preterite tense, minus -*RON*, and with the following endings:

-RA
-RAS
-RA
-RAMOS (the last syllable of the stem is stressed with a written accent)
-RAN

Examples:

yo hablara	*nosotros viviéramos/estudiáramos*
tú comieras	*ellos/Uds. estuvieran*
él/Ud. tuviera	

There is an alternative form of the imperfect subjunctive, which takes a different set of endings:

-SE
-SES
-SE
-SEMOS (again with a written accent on the last syllable of the stem)
-SEN

Examples:

yo saliese	*nosotros hablásemos/bebiésemos*
tú pusieses	*ellos/Uds. vendiesen/estudiasen*
él/Ud. durmiese	

Verb tables

- Note that when the stem is irregular, the irregularity will remain in the subjunctive form. Examples are the present subjunctive of the verb *hacer* (*haga*, *hagas*, *haga*, etc.) and its imperfect subjunctive (*hiciera*, *hicieras*, *hiciera*, etc.)
- Note that stem-changing verbs have the same stem changes as the present indicative, for example *quiera*, *quieras*, *quiera*, *queramos*, *quieran*.
- Sometimes it is necessary to change the spelling of the verb to retain the original sound, for example *juegue*, *juegues*, *juegue*, *juguemos*, *jueguen* and *toque*, *toques*, *toque*, *toquemos*, *toquen*.
- When the verb in the main clause is in the present, perfect or future tense, the subjunctive will be in the present tense, for example *me gusta que vaya*. However, when the main verb is in the preterite, pluperfect, conditional or imperfect, the subjunctive will be imperfect: *me gustaba que fuera*.

Uses of the subjunctive

The subjunctive is used …

- in wishing/exhortations, when the subject of the second clause is different to that of the first. For example: *quiero ir a la ciudad* (I want to go to the city), but *quiero que vayas a la ciudad* (I want you to go to the city).
- It is also used when wishing someone luck, or something similar, for example *¡que tengas suerte!* (may you be lucky), *¡que aproveche!* (enjoy your meal).
- after verbs of emotion (e.g. joy, fear, sorrow, hope, pity), when specifying the cause of the emotion. For example: *estoy contento de que vengas al concierto* (I am happy that you are coming to the concert), *me enoja que hable así* (it annoys me that he should speak like that).
- after verbs of permitting and requesting. The subjunctive is used after verbs that produce an effect on others, but only when there is a change of subject. For example: *rogó que viniera yo* (he asked me to come), *permitió que entraran* (he let them come in), *mi madre me dice que vaya a ver a mi abuelo* (my mother tells me to go and see my grandfather), *quiso que yo pagara la cuenta* (he wanted me to pay the bill).
- whenever there is doubt or uncertainty about something. For example: *quizás tenga razón* (maybe he is right – 'but I don't think so' is implied).
- after all impersonal expressions, unless the expression states the certainty of something. For example: *es importante que escuches bien* (it is important that you listen well), *es una lástima que esté lloviendo* (it's a shame it is raining), but *es cierto que vendrá* (it is certain that he'll come).
- in a negative statement. The subjunctive is used in a secondary clause, when the preceding clause is in the negative, for example *no creo que tenga mucho dinero* (I don't think that I/he has much money).
- in conditional sentences, when the condition is hypothetical. For example: *si tuviera mucho dinero me compraría un yate* (if I had a lot of money, I would buy myself a yacht). Compare this with *Si tengo mucho dinero, me compraré un yate* (If I have a lot of money, I shall buy myself a yacht).
- when there is an indefinite antecedent. When no person is specified, the subjunctive is needed. For example: *busco a alguien que sepa conducir* (I am looking for someone who knows how to drive – i.e. anyone will do, as long as they know how to drive).

- in the case of futurity, after certain conjunctions. For example:

  cuando – *cuando venga el autobús, te llamaré* (when the bus comes I'll call you)

  mientras – *mientras esté aquí, no puedo salir* (while he's here I can't go out)

  hasta que – *hasta que salga, no puedo hacer nada* (until she goes out I can't do anything)

- after certain other conjunctions:

  para que – in order that (*le daré dinero para que pueda comprar las entradas* – I'll give him money so that he can buy the tickets)

  antes de que – before (*antes de que entre hablaré con los otros* – before I go in I'll speak with the others)

  con tal de que – providing that (*con tal de que tenga dinero, me iré* – providing I have the money, I'll go)

  sin que – without (*entré sin que él lo supiera* – I entered without him knowing)

See the following spreads for further examples of the use of the subjunctive mood – 5.9 pages 122–123, 6.1 pages 134–135, 6.4 pages 140–141, 6.5 pages 142–143, 6.8 pages 148–149 and 6.10 pages 152–153.

Pronunciation Guide

a	as in c**a**t	**casa**
e	as in **e**gg	**elefante**

i	like **ee** in s**ee**d	**chica**
o	as in p**o**t	**ropa**
u	like **oo** in p**oo**l	**pupitre**
b	as in **b**ig	**bota**
c	before **a**, **o**, **u** as in **c**at	**canguro**

	before **e**, **i** in Spain like **th** in **th**in, in Latin America like **s** in **s**et	**cinco**
ch	like **ch** as in **ch**eese	**chico**
d	at start of word as in **d**en	**dónde**
	between vowels, softer	**adiós**
	at end of word like **th** in **th**in	**Madrid**
f	as in **f**ew	**falda**

g	before **a**, **o**, **u** as in **g**et	**gato**
	before **e**, **i** like **ch** in lo**ch**	**gigante**
gu	before **e**, **i** like **g** in **g**et	**guitarra**
h	always silent	**hola**
j	like **ch** in lo**ch**	**jugo**
k	as in **k**ick	**kilo**
l	as in **l**ong	**Lola**

ll	in Spain as **lli** in bi**lli**on; in Latin America, Canaries, S. Spain like **y** in **y**et; in south Latin America like **sh** in **sh**ort	**llama**
m	as in **m**onkey	**mano**
n	as in **n**ever	**nada**
ñ	like **ny** in ca**ny**on	**mañana**
p	as in **p**encil	**pizarra**
qu	like **k** in **k**itten	**que**
r	between vowels or at end of word as in **r**ing	**para** **hablar**
	at beginning of word, rolled	**rubio**
rr	rolled as in cu**rr**y	**perro**

s	as in **s**ince	**casa**
t	as in **t**an	**tarta**
v	like **b** in **b**ay	**vivo**
w	**w** is not a true phoneme of the Spanish language. All words with **w** are foreign in origin.	**wáter**
x	at beginning of word like **s**	**Xochimilco**
	before a consonant like **s**	**extra**
	between vowels like **ks**	**taxi**
	in some words like **ch** in lo**ch**	**mexicano**
y	as in **y**ogurt	**yo**
z	in Spain like **th** in **th**in; in Latin America, Canaries and S. Spain like **s** in **s**et	**zanahoria**

Pronunciation Guide

El alfabeto español

a   like [**a**] in **a**pple

b   a cross between [**b**] and [**v**] [**bvay**]

c   [**say**]

ch [**tchay**]

d   a cross between[**d**] and [**th**] [**dthay**]

e   [**ay**]

f   [**effay**]

g   [**hay**]

h   [**achay**]

i   [**ee**]

j   [**hota**]

k   [**ka**]

l   [**elay**]

ll   [**elyay**]

m   [**emay**]

n   [**enay**]

ñ   [**enyay**]

o   like [**o**] in h**o**t

p   [**pay**]

q   [**koo**]

r   [**eray**]

rr   [**erray**]

s   [**essay**]

t   [**tay**]

u   [**oo**]

v   [**oobvay**]

w   [**doble vay**]

x   [**ekees**]

y   [**eegreeyayga**]

z   [**seta**]

Stress or emphasis

- In a word ending in a vowel, 'n' or 's', the stress or emphasis when pronouncing that word falls on the penultimate (or second to last) syllable, for example *hablo italiano*.

- When a word ends in a consonant other than 'n' or 's', the stress falls on the last syllable, for example *español*, *trabajador*.

- If the stress falls on any other syllable, a written accent is required, for example *lápiz*, *bolígrafo*.

- When an extra syllable is added, as in the case of certain plural endings, or if a pronoun is placed after a word, a written accent is often required to ensure the correct stress indications, for example *el joven*➤*los jóvenes, lo estoy comiendo*➤*estoy comiéndolo*.

Pay attention to fluency, that is, your ability to make the language flow. It is important that you listen to native Spanish television and radio programmes. While you will not understand everything that is said, listen to the rhythm and the intonation.

Glossary

Grammatical terminology

Throughout this Study Guide you will come across terms we use when describing the grammar, or framework, of Spanish. This glossary is designed to help you understand what each of the different parts of speech, as referred to by the terms, actually means, and the function it performs. The terms are organised alphabetically for ease of reference. Cross references are included, so that you can see the grammar 'in action' throughout the Study Guide.

Accents Written accents in Spanish denote the syllable on which a word is emphasised or stressed.

Adjectives Adjectives describe nouns. Particular types of adjectives include possessive and demonstrative adjectives (see below).

Adverbs An adverb gives more information about a verb. Often in Spanish it ends in *–mente* (the equivalent of '–ly' in English).

Articles There are two types of article, definite and indefinite. The definite article ('the' – *el, la, los, las*) specifies the noun referred to, the indefinite article ('a', 'an', 'some' – *un, una, unos, unas*) does not specify. In Spanish both these articles must agree with the noun to which they refer in number and gender.

Clauses A clause is a group of words which contains a verb, but which does not necessarily stand alone (e.g. 'when we have finished' – *cuando hayamos terminado*).

Conjunctions Conjunctions join words and introduce clauses, e.g. *y, pero, antes*.

Consonants Consonants are the letters of the alphabet which remain once the vowels have been taken away. Note that in Spanish *ñ* and *ll* are seen as consonants in their own right, and, as such, may have their own section in a dictionary. See Pronunciation Guide pages 184–185 for further information.

Demonstrative adjectives These indicate to which particular thing(s) we refer, e.g. 'this ...,' 'that ...' or 'the ... over there' – *este ..., ese ..., aquel ...* . They must agree in number and gender with the noun to which they refer. See pages 106–107 for further information.

Demonstrative pronouns These replace the noun and indicate to which particular thing(s) we refer (e.g. 'this one', 'that one' or 'the one over there' – *éste, ése, aquél*). They must agree in number and gender with the noun to which they refer. See pages 108–109 for further information.

Direct object pronouns These replace the noun which is the direct object of the verb (e.g. 'I saw **him** [Peter]', 'we ate **it** [fish]', 'they gave **it** [the book] to me' – *le vi, lo comimos, me lo dieron*). See pages 30–31 and 94–95 for further information.

Disjunctive pronouns These are sometimes referred to as 'strong' pronouns, and are used with prepositions (e.g. *para él, delante de mí*).

Indirect object pronouns These give information about the person or thing to which the verb is directed (often conveyed in English as 'to ...', or 'for ...'), without naming that person or thing. The name is understood, e.g. 'they gave the book to **him** [Peter]' – *le dieron el libro*. See pages 30–31 and 94–95 for further information.

Object pronouns There are two types of object pronouns – direct and indirect.

Phrases A phrase doesn't necessarily contain a verb. It is a group of words that, together, convey meaning (e.g. 'before midday' – *antes del mediodía*).

Possessive adjectives As all other adjectives, these agree in number and gender with the noun to which they refer, and denote ownership of that noun (e.g. 'his hat', 'her hat', 'their hat' all translate as *su sombrero*, however the ownership will be clear in the context, or, if it is not, an additional phrase can be added: *de él, de ella, de ellos, de ellas*). See pages 150–151 for further information.

Possessive pronouns These replace the noun, and denote ownership. Again, they agree in number and gender with the noun possessed (e.g. 'my books' = 'mine' – *los míos*, 'his books' = 'his' – *los suyos*). See pages 150–151 for further information.

Prefixes A prefix is a commonly used group of letters which, when placed before a word will make a new word, and often change the meaning to mean the opposite of the original word (e.g. *igual – desigual, necesario – innecesario*).

Prepositions These denote position, time and direction (e.g. *delante de, después, para*). See pages 12–13 and 30–31 for further information.

Pronouns These are words which take the place of a noun. There are several different types – subject, object (direct and indirect), reflexive, disjunctive, possessive, relative. See separate sections on this page for explanations of each type.

Reflexive pronouns These are used with reflexive verbs to denote on whom the action is reflecting, namely the subject of the verb (e.g. *me levanto* – 'I get myself up'). See pages 60–61 for further information.

Relative pronouns These are used to relate back to nouns mentioned before (e.g. *El libro que te di es muy interesante* – The book I gave you is very interesting). Note that, although the relative pronoun is often omitted in English, in Spanish it is always needed. Other examples include *los chicos **con quienes** hablé ayer, el chico **cuya** madre es cubana*. See pages 88–89 for further information.

Sentences A sentence is a group of words, including a verb, which may consist of different clauses, the main clause being able to stand alone (e.g. We shall be late if the bus doesn't come – *Llegaremos tarde si no viene el autobús, 'llegaremos tarde'* being the main clause).

Subject pronouns In Spanish these are not always needed, as the verb ending and/or the context often make the subject clear. They are used for emphasis or to avoid ambiguity. See pages 18–19 for a full list.

Suffixes These are commonly used groups of letters which, when placed after a word, will make a new word, e.g. *fácil – facilidad, facilitar; lento – lentamente; pan – panadería, panadero.*

Syllables A syllable is a group of letters, one of which will be a vowel, which constitute one sound element of a word.

Tense Each verb is conjugated in a tense, or time, which denotes when the action takes place, e.g. in the present, past or future. The tense is identified mostly by the verb ending, and occasionally by the context.

Verbs A verb describes an action or state of being.

Vowels *a, e, i, o, u* – In Spanish these are always pronounced in the same way, e.g. *agua, pata, alcanzar* all carry the same sound. See Pronunciation Guide pages 184–185. It is important to note, however, that the vowels *i* and *u* are 'weak' (an easy way to remember this is 'You and I are weak!'). See page 17 for further explanation.

Acknowledgements

The author and the publisher would like to thank the following for permission to reproduce photographs:

p7, p16 (all), p24, p25 (both), iStockphoto; p52 Blend Images/Alamy; p61 Edward Le Poulin/Corbis; p65 David Deas/DK Stock/Corbis; p82 Aflo Foto Agency/Alamy; p84 Robert Harding Picture Library Ltd/Alamy; p91 (left) iStockphoto; p91 (right) Darren Baker/Shutterstock; p100, p106 (top) iStockphoto; p106 (bottom), p107, p113 NelsonThornes; p134 (both) iStockphoto; p135 Nelson Thornes; p139 iStockphoto; p144 Nelson Thornes; p146, p147 iStockphoto.